INVITADOS A UN BANQUETE

DAMIÁN FERNÁNDEZ PEDEMONTE

INVITADOS
A UN BANQUETE

La alegría de la vocación cristiana

EDICIONES RIALP
MADRID

Preimpresión: www.produccioneditorial.com

ISBN (edición impresa): 978-84-321-6641-9
ISBN (edición digital): 978-84-321-6642-6
Depósito legal: M-33675-2023

Impreso en España   *Printed in Spain*
Service Point, S. A. - Madrid

ÍNDICE

INVITACIÓN

ALEGRÍA

En una entrevista televisiva un famoso actor dijo: «El que es feliz es el que tiene razón».

Es verdad, tendemos a pensar que quien es feliz ha acertado en sus decisiones vitales. La alegría es el argumento más convincente.

Sin embargo, el papa Francisco nos advierte desde *Evangelii Gaudium*, su documento programático sobre la alegría del Evangelio: «El gran riesgo del mundo actual, con su múltiple y abrumadora oferta de consumo, es una tristeza individualista que brota del corazón cómodo y avaro, de la búsqueda enfermiza de placeres superficiales, de la conciencia aislada. Cuando la vida interior se clausura en los propios intereses, ya no hay espacio para los demás, ya no entran los pobres, ya no se escucha la voz de Dios, ya no se goza la dulce alegría de su amor, ya no palpita el entusiasmo por hacer el bien. Los creyentes también corren ese riesgo, cierto y permanente. Muchos caen en él y se convierten en seres resentidos, quejosos, sin vida. Esa no es la opción de una vida digna y plena, ese no es el deseo de Dios para nosotros, esa no es la vida en el Espíritu que brota del corazón de Cristo resucitado».

Hay cristianos (yo mismo a veces) que sólo ven un futuro sombrío, casi como si se aproximara el apocalipsis. El mundo —piensan— está enloquecido, descristianizado, lleno de maldad. Los poderosos de la tierra se han confabulado contra Dios, como denuncia el Salmo 2. La Iglesia atraviesa una prueba dolorosa. Las nuevas generaciones están perdidas, atontadas por la búsqueda del placer a cualquier costo. Los hay también acomplejados frente a la secularización y a las ideologías contrarias a la fe. Permanecen a la defensiva, humillados antes de sufrir una humillación.

Hay cristianos (yo mismo a veces) demasiado serios, llenos de preocupaciones, de contrariedades reales o imaginarias. Impacientes con sus defectos y con los de los demás. Cansados de hacer el bien, amargados por la ausencia de frutos y por los repetidos fracasos. Los hay cercados de manías, formalistas y escrupulosos. Hipercríticos, desconfiados de la libertad de los demás, y temerosos de la propia.

Hay católicos (yo mismo a veces) que parecen haber dejado muy atrás el amor, ayunos de todo gozo. Personas sin meta, más bien tristes y aburridas. Algunos abrumados por el sufrimiento ajeno, con una fe poco filial, que no consigue superar la imagen de un Dios estricto y distante, indiferente al dolor. O bien que cumplen lo mínimo con Dios, pero buscan la felicidad en las recompensas materiales, el bienestar, la diversión. Católicos egoistones y frívolos. Que envidian la felicidad de los paganos y compiten por los premios mundanos, según las reglas del juego del hedonismo. «Dios no quiere nuestra alegría», parecen pensar en el fondo. «O quiere algo que no nos da alegría. Dios tiene un concepto de la alegría que no es el nuestro», concluyen.

Los que no tienen fe parecen ser los que están siempre de fiesta. Pero, ¿no nos mandó Dios solemnemente que santificáramos las fiestas?

Algo que me llamó siempre la atención en los Evangelios es la cantidad de referencias a fiestas de diversa índole, banquetes o celebraciones religiosas a las que asiste el Señor, o a las que alude en sus parábolas y enseñanzas. Por otra parte, Jesús, que estableció la Nueva Alianza no abrogando el decálogo sino situándolo en un horizonte más completo, fue modelo de observancia del tercer mandamiento, como de toda la Ley: santificar las fiestas. Toda su vida es una preparación para el sacrificio de la Cruz, cuyo memorial se anticipa y se instituye en la Cena Pascual y se refrenda con la Pasión y la Resurrección.

Desde su nacimiento, la vida de la Iglesia se organizó en torno a la Eucaristía en el día del Señor que sustituyó al Sabbath, e iluminó para siempre los días de los cristianos. Desde entonces, la fiesta dominical es para los católicos la fiesta primordial, instituida para darle sentido al tiempo. Las fiestas son el centro de la liturgia, son los hitos en torno de los cuales se estructuran sus momentos. El tiempo ordinario prepara los tiempos festivos. El ciclo anual actualiza para los cristianos de todas las épocas la vida del Señor: desde su Nacimiento hasta su Ascensión.

Con el Señor llega a la tierra la verdadera alegría. Su encarnación es presentada por los Evangelios como un mensaje de Dios de profunda alegría para todos los hombres que quieran recibirlo. Jesús posee la alegría del Padre: no hubo ni habrá sobre la tierra nadie que haya experimentado mejor que él la infinita alegría preparada por Dios para la humanidad. Su nacimiento viene acompañado del mensaje de alegría del ángel a los pastores (Lc 2, 10). Su mensaje es la buena nueva y es fuente de gozo: «Os he dicho estas cosas para que mi alegría esté en vosotros, y vuestra alegría sea plena» (Jn 15, 11). En la última cena, les promete a los discípulos que la tristeza de la inminente Pasión se convertirá pronto en gozo (Jn 16, 20), y ya no los abandonará más (Jn 16, 22).

Con frecuencia imaginamos a Jesús serio, hierático. A lo mejor influyeron sobre esa imagen algunas representaciones pictóricas o cinematográficas y algunas predicaciones solemnes o aburridas. Muchas personas se alejan de la Iglesia por aburrimiento, por sentir sus ceremonias y a sus miembros faltos de gracia, grises. En otras versiones, de estampas, libros catequéticos o testimonios, en cambio, el Señor es presentado como un joven bonachón, suave y etéreo.

La encarnación constituye la entrada de Dios en la humanidad. Jesucristo es Dios y a la vez plenamente hombre. Con las virtudes y los padecimientos de los hombres, pero en un grado excelso. En Jesús, Dios experimenta nuestras luchas y nuestras alegrías en primera persona.

Jesús no *se disfrazó* de hombre. Participaba genuinamente de la vida social de su tierra. Los fariseos se escandalizan de que fuera amigo de publicanos y pecadores. De que aceptase la invitación, y aun se hiciera invitar a la casa de ellos. Concurre con los discípulos a las bodas de Caná, donde realiza su primer milagro, que consiste en transformar el agua en vino, que estaba a punto de faltar en la fiesta. Menciona las bodas en la parábola de los invitados a la boda y en la de las vírgenes necias y prudentes. Las parábolas de la misericordia que recoge san Lucas —el reencuentro de la moneda, la oveja o el hijo perdido— culminan con una fiesta. El regreso a Dios es presentado siempre de este modo.

Un colega profesor universitario y artista me contó de una imagen de un ángel sonriente en la catedral del Reims que yo no conocía: el ángel de la sonrisa, *le sourire de Reims*. Se trata de una escultura del siglo XIII, emplazada en el pórtico de una iglesia francesa, y que fue reconstruida tras una mutilación por un obús durante la primera guerra, y llegó a ser un símbolo de la resistencia a la destrucción de los monumentos religiosos durante la guerra. Mi amigo me lo presentaba como ejemplo de cómo debería recibir la Iglesia y cada cristiano a quienes se acercan al templo: con una sonrisa. Y es que un rostro contento le hace justicia a Dios, y es la mejor carta de presentación para manifestarle nuestra confianza. Nuestra alegría es una invitación.

A otro amigo, sacerdote, le preguntaron por qué las imágenes de los santos muestran personajes apesadumbrados, entristecidos, cuando los santos no eran así. Basta leer la vida o los escritos de santa Teresa de Jesús o de santo Tomás Moro, la frescura y candidez de san Francisco de Asís o de santa Teresita de Lisieux. Sin embargo, hay buenas personas que creen que los santos eran seres poco normales, una especie de faquires, con una inclinación algo masoquista al sufrimiento.

Cuando una idea está en crisis se habla mucho de ella en la conversación pública. Sucede con la paz, la libertad o la solidaridad. Sucede ante todo con la felicidad. Se habla mucho de ella en los libros de autoayuda y de divulgación de psicología, en las conferencias motivacionales y en el *coaching*. Se puede hablar de una verdadera industria de la felicidad en la publicidad, en el entretenimiento, en el turismo, en los consejos para el bienestar.

Hace años leí un trabajo de investigación que avisaba sobre una discrepancia entre el discurso de los psiquiatras y el de las publicidades de psicotrópicos sobre los efectos de la medicación antidepresiva. El *marketing* cargaba las tintas sobre el poder entusiasta, eufórico de estas drogas, mientras que los médicos, más cautos, las describían como estabilizadores, como una ayuda para poder lidiar con las vicisitudes habituales de la vida. El estado normal de las personas no es de exaltación, de supresión de toda incomodidad, aseguraban los psiquiatras. La medicación puede ayudar a contrarrestar la disforia, la carencia desproporcionada de energía, el bajón inmotivado, pero no hacer que desaparezcan las contradicciones.

Alarmado por la inflación de diagnósticos de nuevas enfermedades psiquiátricas del DSM, el prestigioso médico Allen Frances publicó el libro ¿Somos todos enfermos mentales? para alertar sobre la confusión entre reacciones normales y patológicas, y la presión por definir como trastornos mentales, necesitados de tratamiento y medicación, a las preocupaciones, decepciones y fracasos, que forman parte de la vida normal. «Somos totalmente capaces de encontrar soluciones a la mayoría de los problemas de la vida sin trastear con la medicina, que a menudo complica y empeora la situación. A medida que nos vamos acercando a tratar sistemáticamente

14

la normalidad como un problema médico, perdemos nuestra capacidad de autocurarnos y olvidamos que la mayoría de los problemas no son enfermedades».

Hay terapias para el bienestar, cursos en universidades prestigiosas sobre felicidad, gerencias de felicidad en las empresas. La mayor parte están bien intencionadas, pero se basan en una antropología pobre. Aunque puedan reunir pruebas experimentales o datos que confirmen sus hipótesis, el problema radica en la teoría de la persona a partir de la cual construyen sus conjeturas. Se buscan dimensiones cuantificables, en general a partir del testimonio de los propios encuestados. Pero es realmente difícil decidir si hoy estamos mejor que ayer, o asignarle a nuestro estado de ánimo una puntuación. La misma valoración no querrá decir lo mismo en una persona que en otra. Muchas veces estos estudios describen la felicidad a partir de unos criterios muy condicionados por los valores culturales en boga.

Pero lo peor es que nos dejan solos tras enunciarnos las consignas para ser felices. Si no somos felices es porque no queremos; con nuestros propios recursos podríamos ser mucho más felices. Al leer o escuchar a estos gurúes de la felicidad uno queda con la sensación de que es el único responsable de su falta de felicidad. A la desdicha se suma entonces la culpa. Muchas veces confunden la felicidad con el éxito o el bienestar. Además de que uno puede haber alcanzado la cumbre en su carrera profesional, o gozar de excelente salud, y no ser feliz, la conquista de logros o la ausencia de malestares no siempre depende de uno. Mejor dicho, nunca depende solo de uno mismo.

Es una filosofía individualista y bastante utilitarista, aunque no falten consideraciones sobre lo importante que son las buenas relaciones humanas o los objetivos trascendentes para alcanzar una vida plena. Sin embargo, los otros, o incluso Dios, son sólo un medio, un recurso para el propio bienestar.

Uno sospecha de la efectiva felicidad que produce esta maquinaria. Tanta promoción de las fórmulas de felicidad puede enmascarar una carencia. Siempre andamos necesitando una nueva panacea, una receta superadora, mientras que las personas pobres o discapacitadas, o las víctimas de injusticias o calamidades no suelen contarse entre los destinatarios de esta propaganda.

En esas terapias de bienestar se pueden obtener muchos consejos útiles sobre cómo gestionar el tiempo, descansar, hacer amigos, negociar, sosegarse, controlar nuestras obsesiones, pero probablemente no "la felicidad".

Suele distinguirse entre la alegría como emoción, que puede ser intensa y pasajera, y la felicidad, que es la meta de la vida, la tendencia finalista que mantiene nuestro ánimo arriba de manera más o menos constante en el proceso de realización personal. Acto o estado, la sucesión de momentos alegres hace llevadero el camino, y el horizonte luminoso promueve sensaciones de alegría una y otra vez. En *Invitados a un banquete* los usaré indistintamente, no en el sentido técnico de la psicología, sino en una acepción existencial y espiritual.

Como veremos, la felicidad se consigue mientras uno está ocupado en amar. Como dice Victor Frankl: «La felicidad no puede ser obtenida queriendo ser feliz. Tiene que aparecer como consecuencia no buscada de perseguir una meta mayor que uno mismo». Es más, si el proyecto de la vida que estamos desarrollando está guiado por el amor, ya estamos siendo felices, y sólo nos resta darnos cuenta de que lo somos. La alegría de actualizar la alegría.

Un importante escritor inglés cuenta en el prólogo de una voluminosa novela que la empezó a escribir en un barco y la siguió escribiendo en un pequeño cuarto de hotel sin ventanas, caluroso y oscuro, para acotar que las grandes incomodidades contribuyen a producir grandes obras literarias. No es esa mi pretensión, pero sí puedo decir que escribir sobre la alegría tiene para mí algo de combate, de búsqueda ardua, de encontrar los argumentos y las mejores formas de expresarlos.

CLAROSCURO

He aprendido que escribir un libro es como emprender un viaje. Hay un costo inicial antes de embarcarse. Decidirse a escribir y empezar a hacerlo es, probablemente, lo que más cuesta. Hay que tener una idea, un objetivo, un propósito. Emprendo el viaje largo y cansado, en el que espero sumar experiencia y deleitarme, pero también vaticino momentos de zozobra e incertidumbre, sólo si tengo una buena razón para hacerlo. Lo primero es contar con un plano, por básico que sea, y trazar un itinerario. Luego la concreción del viaje siempre resulta distinta de lo planeado, más rico el territorio que el mapa. El trayecto mejora el proyecto. La redacción del libro es un viaje para el autor y, una vez concluido, le propone un viaje al lector.

En el caso de *Invitados a un banquete*, partí de una idea. La idea es la de comprender la vida cristiana como una fiesta, como una celebración: un banquete, imagen repleta de significados, muy presente en los Evangelios. El propósito es contribuir a una idea de la alegría de la vocación cristiana que aliente a una renovación interior. El itinerario, como en toda fiesta, incluye tres momentos: prepararse para la fiesta, vivir la fiesta y salir enriquecido de ella. Escribo, en primer lugar, para mí. Para recopilar, ordenar e internalizar algunas ideas propias y ajenas que me puedan ayudar a asumir más plenamente el camino a la felicidad que implica la vocación cristiana: imitar la vida plena de Cristo hasta entrar en el gozo del Señor. El libro propone un viaje al lector: de invitado a anfitrión. "Invitación" se refiere a la vocación cristiana, como preparación de una fiesta; "Banquete", se refiere a cómo vivir y propagar la fiesta; "Hospitalidad", se refiere al tránsito de ser huéspedes a ser anfitriones en nuestro corazón.

Me dirijo a cristianos, sobre todo jóvenes: adultos jóvenes que están empezando su proyecto de vida profesional, familiar, social, y tienen un proyecto, quizás más impreciso e indeciso, de vida cristiana. Y también a cristianos de más edad, que guíen a jóvenes (padres, educadores, dirigentes de diverso tipo) y quieran renovar su propia vida cristiana.

Dicho lo dicho sobre la alegría de Dios que nos vino a traer Jesucristo, enseguida hay que decir que esa alegría está apoyada sobre una superficie marcada por el dolor. Todas las fiestas que jalonan el calendario litúrgico y que sirven de faros para nuestra vida cotidiana resultan ambivalentes. La Navidad nos recuerda que el Verbo se hizo carne y habitó entre nosotros, pero también que en la Encarnación «la luz brilla en las tinieblas, y las tinieblas no la recibieron» (Jn 1, 5). La alegría de los ángeles, los pastores, José y María viene matizada por el hecho de que Jesús haya tenido que nacer en un establo para animales, porque no había lugar para Él en las posadas de Belén. Desde entonces, Jesús no tendrá dónde reclinar la cabeza: «Sin nada vino Jesús al mundo, y sin nada, ni siquiera el lugar donde reposa se nos ha ido» (San Josemaría, *Vía Crucis*, 14).

«Yo vine a la tierra para padecer», le hace decir al Niño Dios un villancico recopilado en la provincia de Salta de Argentina. Efectivamente, tres días después de Navidad, el 28 de diciembre, la Iglesia conmemora a los Santos Inocentes, los niños de Belén menores de dos años que Herodes mandó matar para asegurarse de acabar con el recién nacido Rey de los Judíos. Con la amenaza de esta matanza, la Sagrada Familia emigró a Egipto para instalarse en una nación extraña con toda la incomodidad que eso implica.

En su vida pública Jesús sufrió hambre, sed, cansancio, sueño, y, sobre todo, incomprensión, traición, persecución y, finalmente, tortura y muerte en cruz. La Pascua, la gran alegría de la Resurrección, ese paso de la muerte a la vida, supone la Pasión.

La felicidad cristiana incluye al dolor, tiene poco que ver con panaceas como el nirvana del budismo zen o con el hedonismo actual, que buscan suprimir todo sufrimiento. La "ataraxia" que buscaban tanto los estoicos como los epicúreos griegos, esa disposición imperturbable del ánimo, sólo se alcanzaría amputando las pasiones y las emociones más intensas. Ese aletargamiento puede producir un estado temporal de quietud, pero estará siempre amenazado por las dificultades que comporta cualquier vida y es poco compatible con el amor.

El cristiano busca y protege la paz del corazón, necesita descansar y también disfrutar, y de todo eso vamos a hablar en este libro. Pero la ausencia de sentimientos y de ocupaciones es anti-vital, conduce a una vida de baja intensidad. Parecería exigir que el amor y la responsabilidad por los demás se diluyan en una vaga compasión que no altere el propio oasis. El hombre vivo es un ser en equilibrio provisorio, que siempre está saliendo y volviendo a recuperar la homeostasis, el ambiente interno estabilizado.

Una felicidad que se conciba a sí misma como huida del dolor y las contrariedades que vienen aparejadas con la vida de relación social, entendida como isla feliz, es poco duradera porque el desgaste del propio cuerpo o de las relaciones con los demás siempre llega. Pero, sobre todo, es un concepto egoísta y, tal vez, quien se encerró en su paraíso personal no tenga a nadie que lo quiera de verdad cuando sea él quien necesite de la ayuda del prójimo, cuando caduque el plazo fijo del bienestar. La noción hedonista de felicidad que hoy prevalece siempre está amenazada por el sufrimiento propio que puede llegar o el que ya le ha llegado a quienes nos rodean.

Cuanto más se protege el propio confort, cuanto más se intenta tabicar el bienestar personal para que no entren los múltiples padecimientos que lo rodean, menos se consigue la felicidad. La felicidad se experimenta cuando se está empeñado en alcanzar la meta que uno descubre que Dios le ha señalado para su vida. Tiene una estructura paradojal: más se busca ansiosamente, menos se consigue. Sucede como con el insomnio, más ansioso se pone uno por no dormirse, menos se duerme. Es que la felicidad no es la meta, es el resultado de procurar la meta. Adviene por un rodeo.

Todos desean la felicidad, pero no es la búsqueda de la felicidad lo que nos hace felices. Lo que nos hace felices es el amor. Es lo único que explica a la vez la alegría y el dolor, es lo único que tiende un puente de sentido entre las cimas y los valles de nuestra vida.

Dios es amor. Nos creó por amor para que participemos de su amor. La vocación cristiana es el camino específico, que Dios le hace ver a cada uno, para llegar a la gloria, esto es: a participar de la misma vida de Dios. No conocemos las dificultades y las confusiones que nos esperan en el camino, pero sabemos que llegarán. ¿Es posible la alegría y la paz mientras se avanza por ese camino que la espiritualidad ha pintado siempre como ascendente, trabajoso? ¿Es posible gozar en medio de la lucha ascética?

No sólo es posible y necesario tener momentos de sosiego, de plenitud, auténticas fiestas en las que experimentamos una profunda conexión con Dios, con el prójimo, con la vida, sino que esos momentos se pueden multiplicar, es más: los momentos de contradicción pueden volverse también festivos. Para recordar eso escribo este libro.

En *Una teoría de la fiesta*, Josef Pieper cita una frase de Nietzsche: «No es muestra de habilidad organizar una fiesta, sino dar con aquellos que puedan alegrarse con ella». No sé si ustedes habrán tenido la experiencia de sentir, en un momento de lucidez en medio de una fiesta alocada, que pocos de los participantes lo están pasando realmente bien, algo que resulta insultante.

Hay un entretenimiento para niños en las ciudades de veraneo de mi país que se llama "el tren de la alegría". Se trata de un transporte colectivo con forma de un pequeño tren que pasea a los niños por la ciudad, acompañados por animadores y animadoras disfrazados de personajes de Disney, con música de feria a todo volumen. Pareciera que los adultos y el ambiente están haciendo lo imposible para festejar, pero a los pequeños se los ve más bien serios. Y es como si fuera obligatorio estar contento en ese viaje, porque se ha pagado un pasaje por la infraestructura puesta al servicio de ese rapto de entusiasmo y carcajada.

Hay servicios de turismo que brindan alojamiento en playas soñadas del Caribe, acompañando la visita con toda suerte de atractivos de gran impacto, "*all inclusive*", según el plan y la tarifa que se haya escogido: spa, mayordomo asignado, golf, surf, excursiones de aventura, bailes, shows. Cada evento es más intenso que el anterior, una sorpresa tras otra, para que la diversión no decaiga. La lógica de este estilo festivo de vacaciones no parece ser la de la ralentización de la vida frenética del resto del año. Me da pena ver llegar algunos chicos alcoholizados de las discotecas los domingos a la mañana, como si el alcohol estuviera automáticamente asociado a la idea de la fiesta, como un pasaporte al descontrol que requiere de desinhibición y fuga de la realidad.

¿Cuál es el problema de ese tipo de experiencia festiva? Al tratarse de un momento recortado del resto, una evasión, un paréntesis moral, hay una ansiedad por disfrutar, una obligación de aprovechar intensamente el entretenimiento, un paradójico imperativo de diversión, estimulado por los organizadores y los demás participantes de la fiesta que parecen estar en el paroxismo.

Divertirse hasta morir llamó un profesor estadounidense a un libro suyo en el que denunciaba que el valor diversión se había impuesto en la educación, en la cultura y en la política. Con frecuencia cuando le pregunto a un alumno qué tal resultó la clase, responde: «Divertida». La palabra diversión viene del latín *divertere*, que quiere decir girar en dirección opuesta, alejarse, entretenerse, y se compone del prefijo *di* (que indica separación) y el verbo *vertere* (dar vuelta). Divertirse es tanto como salir en dirección opuesta a la realidad de sí mismo, verterse hacia afuera. Hay que ver cómo las palabras pensaron por nosotros muchas cosas.

Un filósofo decía que tener cultura es necesitar poco para divertirse y, al revés, la persona de escasa cultura necesita mucho dinero para viajar a lugares remotos o practicar deportes de riesgo para desconectar. Tanto más costoso es desconectarse cuanto más estresado haya terminado uno el año laboral; sólo el shock de entretenimiento lo puede hacer olvidar de la angustia que se esconde tras la agitación que rige su vida.

Pero es difícil entretenerse completamente si lo que nos espera al final de la fiesta es triste. No es fácil tener una experiencia plena cuando se está próximo de regresar al vacío. Es improbable cargar de sentido un intervalo de una vida sin sentido. Quizás eso explique la melancolía que a veces acompaña los finales de las fiestas. A eso y al presentimiento que nos asalta cuando todo está por terminar de que todos lo pasaron muy bien salvo, quizás, en el fondo, nosotros. Una inquietud que nos sobreviene también cuando vemos en Instagram o en

Tik Tok tanta gente divertida, interesante, pletórica de actividades extraordinarias. Si nos atenemos a las publicaciones de esas personas, hay que concluir que viven una vida hecha enteramente de sucesos grandiosos, están siempre arriba, de fiesta continua, matándose de risa todo el tiempo. Cada uno de nosotros, por contraste, conoce de cimas y de valles, de breves entusiasmos en medio de horas y horas ordinarias.

No quiero ser aguafiestas, al contrario, este es un libro a favor de la fiesta. Lo que pasa es que, como diagnostica Pieper, es necesario que nos espere algo bueno al terminar la fiesta para que lo pasemos realmente bien en ella. Una fiesta auténtica es una celebración de la vida en la que la fiesta se realiza, una aprobación de la realidad. El que está contento de haber sido invitado a la fiesta, de haber sido el objeto de atención del anfitrión, puede ver en eso una señal más de su propia dignidad. Descubre que es amable para el que organiza la fiesta, que es el término de su amor.

Nietzsche también decía que solo creería en un dios que baile. Lo que no sabía es que sólo Dios baila y canta y juega de verdad. Sólo en Dios la fiesta es pura fiesta. Y luego de Dios, festejan los santos (y los niños). Insertada en la vida cristiana, cada fiesta es un recordatorio de la gran fiesta a la que fuimos invitados, organizada por Dios para cada uno de nosotros. Dicho de otra manera, sólo los cristianos pueden disfrutar de los bienes y los acontecimientos preciosos que se nos regalan, a condición de que no se pongan todas las esperanzas en esos bienes y en esos acontecimientos.

En su encíclica sobre la esperanza, *Spe Salvi*, Benedicto XVI habla de las pequeñas esperanzas, tan necesarias también para los cristianos, para mantenerse en el camino. Sin hitos, sin lugares intermedios a los que arribar, el camino se hace demasiado largo y arduo. Pero habla también de la gran esperanza en el amor infinito de Dios todopoderoso.

«Nosotros necesitamos tener esperanzas —más grandes o más pequeñas—, que día a día nos mantengan en camino. Pero sin la gran esperanza, que ha de superar todo lo demás, aquellas no bastan. Esta gran esperanza sólo puede ser Dios, que abraza el universo y que nos puede proponer y dar lo que nosotros por sí solos no podemos alcanzar. De hecho, el ser agraciado por un don forma parte de la esperanza. Dios es el fundamento de la esperanza; pero no cualquier dios, sino el Dios que tiene un rostro humano y que nos ha amado hasta el extremo, a cada uno en particular y a la humanidad en su conjunto. Su reino no es un más allá imaginario, situado en un futuro que nunca llega; su reino está presente allí donde Él es amado y donde su amor nos alcanza. Sólo su amor nos da la posibilidad de perseverar día a día con toda sobriedad, sin perder el impulso de la esperanza, en un mundo que por su naturaleza es imperfecto. Y, al mismo tiempo, su amor es para nosotros la garantía de que existe aquello que sólo llegamos a intuir vagamente y que, sin embargo, esperamos en lo más íntimo de nuestro ser: la vida que es "realmente" vida».

De modo que la razón de la alegría de la fiesta no se puede simplemente fabricar porque "hay que" pasarlo bien a toda costa. En esa actitud bien se puede infiltrar el desasosiego que reaparecerá al terminar la fiesta. Según Pieper, la fiesta ha de estar anclada en un don, y en definitiva en el Don, que es Dios. Nadie celebraría el cumpleaños si no juzgase una dicha vivir.

Hay otro sentido de la fiesta que es el del carnaval. En la baja Edad Media el carnaval era una despedida del cuerpo y sus excesos justo antes de entrar en la cuaresma (el martes de carnaval es el previo al miércoles de ceniza). El teórico de la literatura ruso, Mijaíl Bajtín, ve en el carnaval una constante cultural, o, más bien, contracultural. Un momento en el que se invierten las normas, el pueblo se burla de aquello de lo que teme, parodia los roles formales. En el carnaval, prevalecen las excentricidades: lo marginal en la vida cotidiana termina siendo lo central. Abundan los enanos y gigantes, mandan los niños y los tontos, y el alcalde o el cura son uno más entre el pueblo. Este se ríe de aquello que le da miedo fuera del carnaval: de la muerte y del diablo.

La interpretación que hacía Nietzsche de este tipo de fiesta es que responde a un impulso pagano, porque incluye el orgullo, la insolencia, la burla de lo serio o correcto: «Un divino decir sí a uno mismo por plenitud y perfección animal: todos estados a los que el cristiano no puede honradamente decir sí». Lo vincula con el culto al dios Dionisos, de la fertilidad y el vino, cuyo ritual clandestino da origen también a las bacanales romanas, orgías de alcohol y todo tipo de extremos. Hoy se conserva esta idea de la fiesta como momento de descontrol y frenesí, idea fundamentalmente pagana, es verdad.

Por un lado, el carnaval era en su origen un contrapunto de la ascética cristiana, y en América Latina los carnavales han mezclado tradiciones de los pueblos originarios y costumbres católicas. Por otro lado, hay elementos carnavalescos en muchas costumbres cristianas como peregrinaciones, fiestas patronales, procesiones. En el noroeste argentino se introducen elementos autóctonos en las procesiones a la Virgen o en las representaciones de la Semana Santa, así como se introducen elementos cristianos en los carnavales y en otras fiestas populares que resultan de una verdadera inculturación. La peregrinación es una buena imagen del viaje del cristiano. Reúne el esfuerzo con la dicha, el avanzar juntos y contentos por un camino arduo, pero con un sentido y una meta precisa.

Mi hermana trabaja en un colegio de niñas procedentes de un barrio pobre y de una villa de emergencia. En una conferencia que dio en mi universidad le escuché algo que me encantó. Sintetizó tres características de los pobladores de las villas. Poseen una fe concreta, de pedir y agradecer los beneficios diarios, de esperar que la Virgen traiga el remedio a este problema de ahora que parece no tener solución. Viven el presente, trabajan por el pan de cada día, disfrutan de lo que tienen hoy. Y tienen un gran sentido de la fiesta. La fiesta es cosa seria, hay muchos motivos de celebración: el bautismo, el cumpleaños, el reencuentro con los parientes, las fiestas patrias y cristianas. Se invierte tiempo del bueno y también dinero para preparar esas fiestas.

He asistido a primeras comuniones y confirmaciones, a graduaciones de colegio y fiestas patronales, en esas villas. ¡Cómo se adornan las casas y se visten los invitados, con qué primor se prepara la comida y cómo colaboran todos para que cada uno la pase bien! La fiesta no es ahí un paréntesis, más bien es un momento que da sentido a los otros momentos duros. Es como un derroche de lo poco que se ha logrado reunir en medio de la escasez. La fiesta le da sentido al esfuerzo: ver radiante a la mujer y a los hijos es la recompensa al sacrificio. La fiesta restablece las fuerzas. Es un envío.

Hoy la cultura cristiana es una minoría. Aún en los países con mayoría de fieles de la Iglesia Católica, lo que más abundan son medio-cristianos, cristianos que no practican o que no viven vida cristiana gran parte del año. Algunos que frecuentan el templo no tienen una mentalidad completamente cristiana y están alejados de la idea de la santidad, que les resulta extravagante, arcaica e incompatible con la evolución social. Tiempos hubo en que cristianismo y santidad eran sinónimos. San Pablo saludaba a los santos de tal o cual lugar en sus cartas.

En los pueblos de provincia, la iglesia principal solía estar en la plaza central, al lado de la municipalidad. Esta planificación urbana ya no simboliza lo que sucede en la realidad. Esa iglesia se ha mudado del centro a la periferia, en el mejor de los casos es una institución más entre otras, como los organismos de gobierno, las escuelas, las familias, los medios de comunicación. Conserva todavía el derecho a hablarle a la gente, pero cada vez es menor el interés de esa gente por escucharla.

Los predicadores del mensaje pierden capital simbólico, es decir capacidad de influir con lo dicho en las vidas concretas de las personas. No hay expectativa por la palabra de los pastores. Al auditorio el mensaje les suena a la vez ya conocido y distante, poco relevante para sus vidas actuales. Muchos jóvenes sólo tienen la versión de Cristo que les llegó por las frases hechas de sus padres y docentes, pertinentes en la infancia, pero no ya a partir de la adolescencia. Lo que alcanzaron a conocer de Jesús pareciera no tener mucho para decirles de su mundo circundante. Y se alejan de un lugar en el que nunca estuvieron.

La radicalidad de la propuesta cristiana, la proclamación del *kerygma*, es decir de la incidencia definitiva de la Encarnación y de la Resurrección de Cristo en cada vida, en toda vida, es contracultural porque rompe con el lugar común de la cultura actual. Ha vuelto a ser una propuesta original luego de veinte siglos, como en la época en que los apóstoles y los primeros discípulos la proclamaban ante un auditorio atónito por su novedad. Esta nueva evangelización, se ha dicho, tiene la dificultad adicional de que quienes reciben hoy la Palabra, creen escuchar palabras ya escuchadas y que han caído en desuso. Lo más contracultural de nuestra fe es su idea de la felicidad. Una felicidad que abarca la muerte y el dolor y que alcanza a todas las personas, cualquiera sea su condición.

El tono de la alegría cristiana es sereno, matizado, con sus momentos melancólicos incluso. Si no escribiste nunca un poema, si no rasgaste una canción con la guitarra ni cantaste en un coro. Si no sufriste la separación de una novia o un novio, si no te sentiste traicionar por un amigo o una amiga, si no te removieron aún de un proyecto al que habías entregado el alma, si no hubo en tu corta o mediana vida días de tristeza o de bajón. Si no elaboraste ningún duelo ni te indignaste frente a una injusticia. Si no te sentiste discriminado o humillado por otros. Si hace mucho que no se te caen unas lágrimas con una canción o con una película. Quizás aún no hayas experimentado del todo lo que es la compasión y la empatía: ingredientes de la auténtica felicidad.

El amor requiere de ese claroscuro. El amor es éxtasis, pero también envío. Un oasis donde instalarse, pero también un desierto que atravesar. La prueba del amor es el sacrificio, acompañar en el dolor. Y si la felicidad es lo que ocurre mientras nos dedicamos a amar, con frecuencia nos encontraremos sin entusiasmo, pero felices en el fondo, sacrificándonos por la persona amada.

En *Agridulce*, un buen libro de consejos para profesionales y ejecutivos, Susan Cain trata de describir ese modo de ser, sereno y profundo como un lago, que no es contradictorio con la felicidad. Aristóteles se preguntaba por qué los grandes poetas, filósofos y políticos suelen tener personalidades melancólicas. En la antigüedad se creía que el cuerpo humano contenía cuatro humores relacionados con cuatro temperamentos: melancólico, sanguíneo, colérico y flemático. Démosle la bienvenida a ese espíritu agridulce que es "un gozo punzante de la belleza del mundo", un estado de añoranza por la conciencia acentuada del paso del tiempo, pero también de deseo de comunión, de retorno al hogar.

INVITADOS

En un mundo que prescinde de Dios, en una cultura donde las ideas prestigiosas con frecuencia van en dirección opuesta a las que Jesús nos reveló, una tentación de los católicos preocupados por proteger su identidad puede ser la de huir. Abandonar el mundo, dejar que la cultura siga su proceso inexorable de secularización, y proteger a los propios, refugiarse en espacios en donde sea posible cultivar la fe. Así, en países en los que la sociedad es cada vez más anticristiana hay padres que optan por el *home schooling*, educar ellos mismos a sus hijos en sus casas, fuera del sistema formal. Hay familias que se radican o vacacionan en distritos cristianos. Hogares que no tienen acceso a Internet, que no consumen los productos culturales de moda. Este impulso, que puede conectar con el de los religiosos, no conecta, en cambio, con la convocatoria de los últimos papas a una nueva evangelización, y concretamente del papa Francisco a poner a la Iglesia "en salida", para llegar a las periferias existenciales.

Los cristianos necesitamos contar con nuestras comunidades donde enriquecer nuestra vida religiosa, orar juntos y unos por otros, revivir la primitiva fraternidad y ayudarnos entre todos. Pero eso es bien distinto de abandonar a su suerte la educación, la política, la moda, la cultura, los negocios, las nuevas tecnologías…Sobre todo las mentalidades tradicionalistas tienen la tendencia a aislarse para preservarse, crear sitios puros, incontaminados. Estas actitudes tienden a ver todo negro, a condenar en bloque la cultura contemporánea. A veces añorando la época de la Cristiandad, interpretando toda la evolución cultural como una ruptura respecto de la doctrina cristiana. Cuando cuenta con poder esta actitud tiende a imponer sus criterios en la sociedad o a censurar las posiciones contrarias, pero cuando está en minoría, como ahora, tiende a constituir guetos.

Esta mentalidad afecta, en particular, a la deserción del mundo del entretenimiento. Las familias se retiran de servicios como Netflix porque en sus catálogos hay propuestas eróticas, o promotoras de ideologías anticristianas. Pero el algoritmo de recomendación de esa plataforma se basa en las opciones de consumo de cada cliente y la suma de esas opciones les da a los productores o seleccionadores de contenidos la pauta de qué es lo que el público busca. Asimismo, hay padres tentados de dejar de consumir productos de Disney porque han empezado a introducir mensajes relativistas sobre el género en películas infantiles. Pero es bueno recordar que algunas de las películas más taquilleras y positivas de la historia también son de Disney.

Otro tanto se piensa sobre las redes sociales. Es innegable que tienen una capacidad adictiva y distractora, también que se puede encontrar dentro de ellas contenidos desconcertantes para los chicos, pero los cristianos ya estamos presentes y conviene que lo estemos cada día más con nuestros contenidos. Hay *influencers* con millones de seguidores que transmiten valores y dan buen ejemplo de solidaridad o resiliencia.

Los cristianos no deberíamos abandonar el esfuerzo por promover fiestas, viajes de egresados, "despedidas de solteros" o *after office* entretenidos y razonables. Y no dejarlos supeditados a las tendencias marcadas por los negocios que lucran con el alcoholismo y la intemperancia. Es notable cómo en toda celebración sigue habiendo una nostalgia de la familia, la comunidad, la amistad, cristianas.

En la vida hay puntos de quiebre, que requieren de ritos de pasaje, los cuales se aprenden a pasar en las instituciones. Efectivamente, las instituciones son archivos de sentido, a las que podemos acudir para aprender la respuesta típica a los problemas típicos de la vida, la respuesta que la comunidad le ha encontrado al tema hasta ahora. Así, el inicio de la vida escolar, la elección de una carrera, la iniciación sexual, el ingreso en el mercado laboral son hitos que no se pueden atravesar como si cada cual fuera el primero que los atraviesa. Tradicionalmente fue la familia la encargada de guiar en esos ritos de pasaje.

Los sacramentos acompañan el ciclo de la vida de la familia: el bautismo, el nacimiento; la confesión y la comunión, el crecimiento; la confirmación, la madurez; el matrimonio y el orden sagrado, la vocación; la unción de los enfermos, la enfermedad, la vejez y la muerte. Dentro de la familia se aprendían los roles de hijo e hija, hermano y hermana, padre y madre y también los de trabajador y trabajadora, ciudadano y ciudadana. Cuando la familia pierde capacidad de respuesta, algo que sucede cada vez más seguido cuando estas se rompen o cuando los padres están ausentes, se buscan esas respuestas por cualquier lado, sin criterio.

La actitud de los padres cristianos ante esta situación no es endurecer las normas de educación de los hijos y cerrarse al exterior para impedir que lleguen las malas influencias, sino, al revés, crear ese clima de amor y cuidado, que luego impregna toda la vida de los hijos, aunque haya momentos más o menos largos de despiste, y abrir el hogar a los demás. Propagar más que preservar.

En esta creación y recreación permanente del hogar y de la comunidad más amplia en la que el hogar se inserta, las celebraciones tienen un rol fundamental. El hogar es el lugar en el que se celebran los pasos en la vida de los miembros. El nacimiento y el cumpleaños, los éxitos escolares y deportivos, los noviazgos y los casamientos. Otros ritos contribuyen a sanar o elaborar el luto: el acompañamiento de los enfermos, los sepelios. Y esto no sólo con el núcleo familiar más estrecho, si no ampliado a los primos, los amigos de los hijos, los colegas, los vecinos. Hay casas en las que están siempre de fiesta, cuando no reciben a un compañero o compañera de trabajo del padre o la madre, van todos juntos a un bautismo o a un casamiento. Cuando uno llega de visita a esas casas le tienen preparado un pequeño agasajo.

Más que quejarse de la industria del entretenimiento quizás haya que aprender a organizar celebraciones memorables. Justamente grabarse en la memoria es una de las funciones más importantes de las fiestas. La fiesta de casamiento se ha banalizado porque hay cada vez menos parejas que se casan o que empiezan a convivir cuando se casan y porque, como son tantos los matrimonios o uniones que se separan o divorcian, la fiesta deja de tener ese sentido de inauguración de una relación definitiva, y de cambio de identidad de los cónyuges, ya que pasarán de ser dos a ser uno: una sola carne. Por eso también las fiestas de casamiento son cada vez más frívolas, sensuales y excesivas. Diseñadas para el consumo.

Pero el recuerdo de la fiesta de casamiento, del vestido de novia y del traje, que se conservan, de los invitados, de la comida y de la ambientación escogida, es muy importante cuando la vida matrimonial se pone ardua, cuando hay peleas o problemas conyugales. Volver a mirar el video o las fotos, rememorar palabras escuchadas esa noche o incidentes graciosos, de alguna manera tiene el valor de un rito que revive el mito, el valor de una actualización. Recordar el momento del consentimiento o la homilía del sacerdote es recordar que el matrimonio es un sacramento que viene acompañado de una gracia específica para luchar hasta el último día por el amor entre marido y mujer y el amor a los hijos, que refleja el amor de Dios y del que la Iglesia es testigo, y que la comunidad cristiana acompaña.

La fiesta es una fábrica de recuerdos y la gracia de su organización es crear momentos. En la fiesta estamos viviendo juntos un momento al que podamos acudir en el futuro cuando nos flaqueen las fuerzas o sobrevenga la aridez. Estamos creando recuerdos felices.

Así, la fiesta comporta una vivencia particular del tiempo. El filósofo Hans Gadamer explica lo que es el arte a través de tres metáforas: la del juego, la del símbolo y la de la fiesta. El arte es una fiesta por dos motivos: por un lado, constituye la experiencia de un momento que es un fin en sí mismo, sin pasado y sin futuro, un presente dilatado, que se querría eterno. Por otro lado, como en la fiesta, todos los que estamos contemplando el arte a la par nos sentimos más juntos unos de otros, conectamos nuestras intenciones con intensidad. Uno mira con simpatía al desconocido que se emociona de un espléndido concierto al lado de nosotros, nos daría ganas de abrazarlo. El arte, como la fiesta, nos congrega.

Como la fiesta, el arte es la consagración del presente. Dice Gadamer que existen dos experiencias del tiempo. El tiempo ordinario, de la vida cotidiana, en el que oscilamos entre el ajetreo y el aburrimiento. El aceleramiento nos lleva a acumular actividades desconectadas entre sí, sin un propósito consciente. Otras veces caemos en el aburrimiento, una conciencia atormentadora de la duración del tiempo. La otra experiencia del tiempo es la del tiempo pleno de la fiesta.

El sentido se encuentra en la misma fiesta, el tiempo se colma, nos aloja.

Necesitamos esa experiencia del tiempo de la fiesta para regar con esa plenitud los días aparentemente desérticos que se suceden entre fiesta y fiesta. Del mismo modo que necesitamos de las fiestas litúrgicas para recargar presencia de Dios para el tiempo durante el año. Y necesitamos del domingo, del día del Señor, para nutrir la semana.

Cada día, sin embargo, puede ser de fiesta. Cada día, un domingo. Esto depende de crear esos momentos plenos, sin necesidad de esperar a que el calendario marque día festivo. Se habla mucho hoy en día de vivir el presente, de disfrutar del presente. *Yo, aquí, ahora* se titula un libro que ayuda a experimentar la atención plena, el *mindfullness*, en la vida diaria. Tomar consciencia de lo que estoy viviendo en este momento, acogerlo con amor, sin duda ayuda a poner foco, reducir la dispersión. Recuperar la concentración contribuye a la serenidad, como cuando salimos de la carretera por la que íbamos a gran velocidad y miramos pasar los autos desde la banquina, pareciera que estos hubieran reducido su velocidad y que podemos retomar el control de sus movimientos, fuera del flujo precipitado del tránsito.

Vivir el presente, en cristiano, es acordarse de la providencia paternal de Dios, abandonar lo que ha sucedido y lo que vendrá a su misericordia infinita, confiar en su cercanía en este mismo momento. Sólo puedo vivir la presencia de Dios si pongo un mínimo de atención a lo que tengo ahora entre manos. Hay momentos en los que los pensamientos no coinciden con la tarea que estamos llevando a cabo, nuestra

cabeza está llena de pequeñas incertidumbres, preocupaciones, contrariedades, que reunidas nos producen
un desasosiego más o menos permanente, no agudo,
pero crónico. Es difícil rezar bien así.

«Por eso os digo: No os preocupéis por vuestra
vida, qué comeréis; ni por vuestro cuerpo, con qué os
vestiréis. ¿Acaso no vale más la vida que el alimento
y el cuerpo que el vestido? Fijaos en las aves del Cielo, que no siembran, ni siegan, ni almacenan en gra-
neros, y vuestro Padre Celestial las alimenta. ¿Es que
no valéis vosotros mucho más que ellas? ¿Quién de
vosotros por mucho que cavile puede añadir un solo
codo a su edad? Y acerca del vestir, ¿por qué preocu-
paros? Contemplad los lirios del campo, cómo crecen;
no se fatigan ni hilan, y yo os digo que ni Salomón en
toda su gloria pudo vestirse como uno de ellos. Si a la
hierba del campo, que hoy es y mañana se echa al hor-
no, Dios la viste así, icuánto más a vosotros, hombres
de poca fe! No andéis, pues, preocupados diciendo:
Qué vamos a comer, qué vamos a beber, con qué nos
vamos a vestir. Por todas esas cosas se afanan los paganos. Bien sabe vuestro Padre Celestial que de todo
eso estáis necesitados. Buscad, pues, primero el Reino
de Dios y su justicia, y todo lo demás se os dará por
añadidura. Por tanto, no os preocupéis por el mañana,
porque el mañana traerá su propia preocupación. A
cada día le basta su contrariedad».

Solo releer este precioso pasaje del capítulo 6 del
Evangelio de san Mateo sirve para recuperar la paz. Es
mucho lo que aquí nos recuerda y promete el Señor.
Que Él se ocupa hasta de nuestras necesidades más
materiales, que nos basta contemplar cómo se comporta con los animalitos y con la naturaleza, que por

preocuparnos no conseguiremos ninguna mejora sobre la materia que nos preocupa, que lo importante es buscar a Dios y vivir el *hodie et nunc*: hoy y ahora.

Es necesario detener el rumor incesante de nuestros pensamientos, buscar por un momento el silencio interior: eso ya es orar, advertir el don de Dios del momento presente. A su vez, el intento de acordarnos más seguido de Dios en medio de las muchas y, a veces, apremiantes ocupaciones diarias, en el trabajo, en casa y en la vida social, ayudará, sin duda, a que santifiquemos el presente.

El tiempo de la fiesta es el presente. Soy feliz cuando soy consciente de que soy feliz. La felicidad no es sino la conciencia de que estoy viviendo la vida que Dios ha preparado para mí. Si no puedo ser feliz hoy con esa idea, difícilmente pueda serlo mañana. La alegría de la vocación cristiana sucede en el hoy de Dios, que es una epifanía de la eternidad que Dios nos tiene preparada.

«No se turbe vuestro corazón. Creéis en Dios: creed también en mí. En la casa de mi Padre hay muchas mansiones; si no, os lo habría dicho; porque voy a prepararos un lugar. Y cuando haya ido y os haya preparado un lugar, volveré y os tomaré conmigo, para que donde esté yo estéis también vosotros. Y adonde yo voy sabéis el camino» (Jn. 14, 1). Nos conviene recordar esto todos los días: somos invitados de Dios, nos tiene reservado un lugar en el cielo, quiere que estemos donde Él está.

La historia de la salvación es una invitación de Dios a su pueblo, la propuesta de una alianza. Jesús no coacciona, Jesús invita. «Si quieres ser perfecto —le dice al joven rico—, anda, vende lo que tienes y dáselo a los pobres, y tendrás un tesoro en el cielo» (Mt, 19, 21). «Si alguno quiere venir en pos de mí, niéguese a sí mismo, tome su cruz y sígame» (Mt 16, 24). Es más, Dios se lamenta por la repetida infidelidad de su pueblo, y Cristo se lamenta de no poder reunirlo: «¡Cuántas veces quise juntar a tus hijos, como la gallina junta sus pollitos debajo de sus alas, y no quisiste!» (Mt. 23, 27). Eso prueba que podemos rechazar la invitación.

Somos invitados de Dios. Ojalá no me olvidara nunca de esta condición esencial: Dios me ha invitado a su banquete. Cuando estamos afligidos, pasando por un mal momento, agotados, qué liberador es saberse amado por Dios. Esa conciencia nos sana, nos devuelve recompuestos al presente: somos perdonados por Dios. Lo mismo que nos sucede cuando pedimos perdón a una persona querida a la que tratamos mal o, incluso, cuando perdonamos: el perdón nos libera. Dios nos perdona siempre porque nos quiere tal como somos, en lo más íntimo de nuestro ser, porque somos sus hijos. Lo único que necesitamos para ser considerados dignos de ir al banquete es confiar en la misericordia de Dios. Esa confianza es ya la incoación del banquete.

Recordar que fuimos invitados es tanto como saberse bendecidos. En ese gran libro que es *La aceptación de sí mismo*, Romano Guardini nos recuerda que somos lo absolutamente dado: ya teníamos la vida cuando tomamos conciencia de que estábamos vivos, nuestra existencia es un don gratuito: una bendición de Dios. Afirma Fabio Rosini: «Si uno quiere otra cosa distinta a la propia existencia, deja de bendecir lo que tiene y lo que es». Hemos de estar contentos de ser los que somos porque somos una bendición de Dios.

Con frecuencia las bendiciones de Dios nos llegan a través de los demás. De la familia, de los amigos, de las compañeras, del guía espiritual, de los médicos, de las profesoras. A veces somos huraños, más los hombres que las mujeres. Por timidez o por inseguridad, no apreciamos los gestos de cariño, rehusamos los abrazos, las palabras de consuelo. También puede ser por autosuficiencia: preferimos equivocarnos solos que acertar ayudados. Defendemos la autonomía de nuestro campo de acción, creemos que al arreglárnosla solos mostramos nuestra valía.

Quien no se deja querer de verdad, quien no descubre ni agradece la ternura, tendrá un serio problema para saberse bendito, para recolectar esas bendiciones de Dios que nos llegan por sus intermediarios.

Jesús bendice a los niños, impone las manos a los discípulos. Y sigue bendiciéndonos en la Eucaristía. La Misa empieza y termina con la bendición de Dios, todos los sacramentos incluyen la bendición del sacerdote. Hay un acto eucarístico hermoso que no siempre apreciamos: la bendición con el Santísimo Sacramento. Es Cristo quien nos bendice desde el cáliz o la Custodia que el celebrante eleva.

Me encanta la bendición irlandesa que termina diciendo:

Que la fuerza de Dios te mantenga firme,
que los ojos de Dios te miren,
que los oídos de Dios te oigan,
que la Palabra de Dios te hable,
que la mano de Dios te proteja,
y que, hasta que volvamos a encontrarnos,
otro te tenga, y nos tenga a todos,
en la palma de su mano.

«En tu mano están mis años» (Salmo 31), hay cientos de referencias a las manos de Dios en la Biblia. Estamos en las manos de Dios. Quien agradece las bendiciones recibidas está en mejores condiciones de bendecir a los demás, incluso de llegar a ser una bendición para los demás. Bendecir la vida de los demás con nuestros dones, ese es el programa de los cristianos.

La etimología de la palabra bendición es prístina: del latín: *bene* (bien), *dicere* (decir). Podemos bendecir a los demás, sobre todo, con el don de la palabra. Bendecir es tanto como transformar nuestra palabra en don para los demás. Recuerdo un encuentro de profesores universitarios de varios países que el organizador abrió diciendo que era el momento de las palabras buenas. Hablar cosas buenas podría ser la retórica del cristiano. Pronunciar palabras para animar, felicitar, elogiar, consolar, motivar, agradecer, disculpar, sorprender, celebrar, enseñar, descubrir, escuchar, aprender.

Si formo parte de los invitados es porque el que celebra la fiesta pensó en mí. Dios piensa eternamente en mí. Está pensando en este momento en mí con amor. Con todo el amor, porque es el Amor. A la invitación se le puede decir que no. De lo contrario, en vez de invitación sería un mandato. A nuestras compulsiones y a nuestras adicciones (por ejemplo, los pensamientos autorreferenciales obsesivos o la búsqueda permanente del placer o de la gratificación a la vanidad), en cambio, no es fácil decirles que no. A las órdenes humanas, a los jefes autoritarios, a los manipuladores emocionales, tampoco.

Dios, en cambio, nos da los mandamientos que son nuestras instrucciones de uso, nos anticipa cuáles son nuestros límites, por dónde nos conviene avanzar y por dónde no. Luego dice: «Si quieres». O bien, dice: «Venid a mí todos los que estáis afligidos y agobiados, y yo os aliviaré» (Mt. 11:28). Y nos deja que busquemos la perfección o el descanso por otro lado, como de hecho hacemos tantas veces.

Dice el Evangelio de san Juan: «En aquel tiempo, estaba Juan con dos de sus discípulos y, fijándose en Jesús que pasaba, dice: "Este es el Cordero de Dios". Los dos discípulos oyeron sus palabras y siguieron a Jesús. Jesús se volvió y, al ver que lo seguían, les pregunta: "¿Qué buscáis?". Ellos le contestaron: "Rabí (que significa Maestro), ¿dónde vives?". Él les dijo: "Venid y veréis". Entonces fueron, vieron dónde vivía y se quedaron con él aquel día; era como la hora décima». "Venid y veréis" es la síntesis de la invitación de Cristo a seguirle.

Dios no se presenta como un rayo, con una iluminación cegadora. Esa certeza física de la presencia de Dios nos paralizaría, no dejaría lugar a la duda, pero tampoco a la libertad y, por lo tanto, al amor. Las inspiraciones del Espíritu son insinuaciones que recibe el corazón atento, señales que nunca le llegan a un corazón embotado o aturdido. Dice el dicho: «El hombre propone, pero Dios dispone», y es verdad, nada sucede sin la voluntad —al menos, permisiva— de Dios. Pero cuando se trata de mover el alma para que actúe en consonancia con ese plan magistral de la providencia, Dios propone, no impone. Sin libertad no se puede amar.

«Nadie ama mediante amenazas. Por eso el Espíritu Santo no constriñe nunca a nadie, porque lo que se obtiene por constricción es inútil», dice Fabio Rosini. Después de mis malas elecciones Dios me reconviene, no me condena. «Si yo hago una estupidez, cosa que no es rara —continúa Rossini—, el maligno me acusará, desencadenando el mecanismo autodestructivo y ciego de callejón sin salida, llevándome a la desesperación o a la retirada. En cambio, el Espíritu me corregirá, me ayudará a reconocer el error cometido, pero me 'sostendrá', me devolverá al camino. Me explicará el modo de no repetir la estupidez pasada. Me dejo corregir, camino mejor, aprendo. La acusación conduce a la esterilidad, la corrección es constructiva».

Es tan fácil decirle a Dios que no, que no nos damos cuenta de lo que está en juego al no tomarnos en serio su invitación. La parábola de los invitados a las bodas de rey (Lc. 11, 15), habla de eso. Personas comunes y corrientes son invitados para la gran fiesta, una fiesta como no habrá otra, que el rey prepara para las bodas de su hijo. ¿Qué pasaría si recibiéramos una invitación para tener una audiencia con el Papa? ¿Si nos invitaran nominalmente a una recepción que dará el presidente del país? Dejaríamos todo de lado, acomodaríamos todo para estar sin falta, puntuales, preparados.

Un severo profesor de la Facultad de Medicina les decía a sus alumnos que la única excusa para faltar al examen era la muerte, ¡propia! En cambio, los invitados de la parábola tienen todo tipo de excusas para no ir a la gran fiesta. Bien miradas las excusas no son tonterías: uno se casó, otro se compró un campo. En general no tendremos que elegir entre el bien y el mal. Es fácil elegir entre lo que está claramente bien y lo que está claramente mal. Es más difícil priorizar el bien absoluto que se demora, sobre el bien contingente que tengo a mano. Es lo que un psicólogo llama lo malo de lo bueno: lo parcialmente bueno no aleja de lo totalmente bueno.

Desde el punto de vista del invitado, recibir la invitación es una novedad, un cambio de planes: puede ser que la timidez, la pereza o la simple inercia de los planes anteriores a recibir la magnífica invitación me dificulten aceptarla. Pero si tengo un mínimo de confianza en el celebrante, confío en que lo pasaré bien, que estaré contento una vez que esté allí.

La invitación incluye toda la información que necesitamos. Pero no sabremos cómo será la fiesta hasta que participemos de ella. «Ven y verás».

Hay quienes reciben la invitación con mala actitud. «¿Por qué me habrá invitado?», se preguntan, suspicaces. «¿Cuál es la intención?». Sospechamos que no puede ser gratis la invitación. No conocemos el puro don de Dios. Las invitaciones de Dios son gratuitas, no piden a cambio más que aceptar ir a la fiesta: no se necesita un mérito previo a recibir la invitación. El que acepta la invitación es el que se hace digno de la invitación. Es el amor de la invitación de Dios lo que me convierte en apto para la fiesta. Es decir, todo el mérito consiste en querer ir a la fiesta.

Prepara el celebrante todo para mí. Para cada uno. El trabajo, el gasto, el contenido lo pone él. Diseña la fiesta para los invitados, para mí. Pero además tiene luego un detalle particular conmigo. El regalo que le llevo es para agradecer que me invitó. No compensa, pero sirve como testimonio de que valoro la invitación. Al anfitrión le alcanza con que haya ido.

La alegría es para compartir. El bien es difusivo. La alegría sobre la que hablamos en este libro es aprender de Dios a preparar fiestas para los nuestros. Poner la cabeza en cada uno de los invitados. Pero invitar es correr el riesgo de que me digan que no, de que no quieran realmente compartir mi alegría, o que crean que mi alegría no se puede compartir. La invitación es siempre invitación en libertad. Como Dios me deja en libertad yo tengo que dejar en libertad a aquellos con quienes quisiera compartir mi alegría.

BANQUETE

PAZ

Las personas que no saben mucho de cine dicen que les gustan las películas que les hacen olvidar de la realidad, las que saben de cine prefieren aquellas que les hacen acordar de la realidad. La diferencia del sentido de la fiesta cristiana con la fiesta pagana es que la primera es una celebración de la totalidad de la vida que se encuentra afuera de la fiesta, la segunda, en cambio, es un momento excepcional cerrado en sí mismo, un desquite de la vacuidad de la realidad.

El saludo que empleaba Jesús era el Shalom judío. En sus labios tiene un significado especial porque Él es la Paz y nos la transmite con su bendición. A cada corazón atribulado, como el de la hemorroísa, después de curarlo o perdonar sus pecados le dice: «Vete en paz». Es su saludo después de la Resurrección, cada vez que se encuentra con sus discípulos atenazados por el temor: «La paz sea con vosotros».

No se puede vivir una fiesta con el corazón intranquilo. En cambio, dice el libro de Proverbios: «Un corazón tranquilo es una continua fiesta». Un corazón en paz es una fiesta para sí y para los demás. Un sentido de la fiesta que acoja todos los matices de la vida es un sentido pacífico de la fiesta. Y la paz no funciona a corriente alterna sino a corriente continua. Paz en la abundancia y paz en la contradicción. Por supuesto, la paz se puede perder por momentos, pero también se puede recuperar pronto. En *Entrar en la paz interior*, un espléndido comentario del Salmo 23, Thomas Joachim sostiene que, cualesquiera que sean las angustias que atravesemos, el Señor con una sola palabra suya puede depositar su inmensa paz en nuestros corazones. Por ejemplo, estas palabras tomadas justamente del salmo del Buen Pastor: «Aunque vaya por valles tenebrosos, no temeré ningún mal, porque tú estás conmigo». Tú estás siempre a mi lado.

Una alegría sin paz se parece a la descrita en el capítulo anterior: diversión, exaltación, rapto de entusiasmo, pero sin permanencia, sin ganancia para el resto de los días. En cambio, la alegría con paz, el *gaudium cum pace*, es la perfección de la alegría.

Cuando era chico tenía expectativas muy altas puesta en determinados eventos. Por ejemplo, el festejo de mi cumpleaños: los amigos que invitaría a mi casa, los regalos que recibiría, las atenciones de las que sería objeto. Cuando ese día esperado pasaba caía una especie de depresión. Lo mismo me ocurría con una final del torneo de fútbol que jugara mi equipo o un paseo a un lugar hasta ahora desconocido. Siempre he tenido la tentación de depositar demasiada esperanza en algún acontecimiento que está por venir. Recibirme en la carrera de Letras, empezar a trabajar, cambiar de lugar de trabajo. Desde muy joven, a la vez, me preguntaba siempre, ¿y después qué?

Hoy más que entonces suele confundirse la felicidad con una sucesión de momentos placenteros, pletóricos, intensos, pero desconectados entre sí, sin una trama que los unifique en un mismo relato. Un psicólogo social cuenta que sus pacientes suelen explicar su vida con una de dos estructuras narrativas. La primera es progresiva: la vida va siempre mejor. «Hoy estoy mejor que ayer, porque tengo un trabajo más importante y mejor remunerado, porque he conseguido una pareja que no tenía. Mañana estaré mejor que hoy porque me compraré un auto y emprenderé un viaje». Es el relato del éxito, del progreso indefinido, la meritocracia que predomina en la cultura occidental. Supone la hipótesis simplista de que siempre hay una correlación entre el talento y los logros, reducidos estos a lo material.

La otra forma de contarse la propia historia en la terapia, dice este psicólogo, tiene la estructura inversa. Si se dibujara en un eje de coordenadas, cuya X fuese el nivel de satisfacción y cuya Y fuese el paso del tiempo, la línea sería descendente, regresiva. «Hoy estoy peor que ayer, la vida es una sucesión de infortunios de los que no tengo control, no soy el protagonista sino la víctima de las cosas cada vez peores que me pasan: me echaron del trabajo y rompí con mi pareja».

Pero lo más frecuente es que se usen dos tramas un poco más sofisticadas, aprendidas, en parte, de los relatos de los medios de comunicación, de las vidas de las celebridades. La primera de ellas es la tragedia: un relato donde se suceden abruptamente una trama de ascenso y una de descenso. El éxito no dura, llega a un punto máximo desde el cual se cae estrepitosamente, o se empieza un descenso gradual, pero sin final. «Si estoy bien hoy es porque mañana estaré mal».

La otra es la comedia. La vida es zigzagueante, un enredo, una carrera de obstáculos, cada día salgo de una para meterme en otra. Muchos padres jóvenes lo vivencian así: «Ayer una hija se despertó con fiebre alta, hoy vence la tarjeta de crédito y no tengo plata suficiente para saldarla, no llego con el informe que me pidieron para mañana en el trabajo, tengo que hacer un viaje, pero el auto está aún en el taller».

No hay paz para mirar por encima de las paredes del laberinto. En una localidad serrana de Córdoba, en el interior de Argentina, hay un extenso laberinto de ligustrinas, en cuyo centro se erige una explanada más alta desde donde se puede ver con claridad el diseño general del laberinto, que al ras no se alcanza a ver. «De todo laberinto se sale por arriba», decía el escritor argentino Leopoldo Marechal.

Las vicisitudes de la vida pueden ser entendidas también como otras tantas oportunidades de profundización, de captar mejor el significado que tiene para Dios lo que nos pasa: ese es su auténtico sentido.

Cuando se vivencia la vida como una tragedia o como una comedia es probable que las alegrías parciales se experimenten sin paz. La paz siempre se vivencia en presente, pero hay una diferencia entre disfrutar mucho el momento feliz que vivimos ahora, con ansia y sin proyecto, y agradecer este momento como botón de muestra de una vida llamada a una creciente plenitud. Es la diferencia entre el *carpe diem*, disfrutar mientras se pueda, y el *hic et nunc*, del llamado del Señor a ocuparnos del hoy sin preocuparnos por ayer ni por mañana, que ya traerá su propio afán (Mt 6, 24).

Sí, un corazón en paz es una fiesta. Cuando se busca una buena orientación general para el curso de la vida, cada instante puede ser un don, una gracia, un motivo de celebración. La buena orientación general nunca se alcanza del todo, porque el sentido de la vida se va desplegando gradualmente, cuando se ha hecho consistir la vida en una búsqueda de su sentido.

Vocación quiere decir llamado, pero la vocación cristiana no es un llamado solamente desde el pasado, desde esa primera conversión o desde ese momento en que vislumbramos nuestra misión: Jesucristo nos llama también desde el futuro.

«Nos ha elegido en sí mismo, para que seamos santos y sin mancha en su presencia por el amor» (Ef 1,4). La invitación a la vida cristiana no ha sido una iniciativa nuestra. «No me habéis elegido vosotros a mí, sino que yo os elegí a vosotros» (Jn 15,16). Dios nos eligió antes de la constitución del mundo (Ef 1, 4). Pensó en nosotros con amor antes de comunicarnos su voluntad, dejándonos la libertad de seguirla. Nos amó primero (1 Jn 4, 19). Tiene, por tanto, un plan para nuestra vida que sólo nosotros podemos concretar.

«Y nosotros hemos conocido y creído el amor que Dios tiene para con nosotros. Dios es amor; y el que permanece en el amor, permanece en Dios, y Dios en él» (1 Jn 4, 16-18). El recuerdo de este amor anima nuestro deseo de corresponder durante toda la vida. La santidad se alcanza al final de la vida y sólo al final de la vida se puede dar la misión por cumplida.

Chesterton afirmaba que prometer es hacer una cita consigo mismo en el futuro. Lamentablemente se ha extendido entre los jóvenes la idea de que no podemos prever cómo seremos más adelante y que las decisiones definitivas cercenan la libertad, que consistiría en dejar abiertas todas las opciones. Sin embargo, la capacidad de comprometer nuestra conducta futura es constitutiva del matrimonio y la familia, y fundamental para todas las relaciones humanas: como explica la filósofa Hannah Arendt la sociedad sería imposible sin la capacidad de las personas de prometer y cumplir sus promesas. Con la promesa se limita para los demás la imprevisibilidad de los comportamientos futuros propios; con el perdón se detiene la influencia permanente de las culpas pasadas en las vidas de los otros.

En el momento de asumir cualquier compromiso se desconocen cómo evolucionarán las circunstancias, pero existe la decisión de cumplir con la palabra empeñada hasta el final. Hay relaciones que cambian a las personas definitivamente, pasan a integrar su identidad, como las relaciones con el cónyuge o con los hijos. De este tipo es el compromiso que asumimos libremente con Dios: la vocación de seguir a Cristo forma parte de nuestra identidad. Una identidad que no está completa, porque consiste en llegar a ser como Cristo. La fidelidad a la vocación es un avance en la identificación con Cristo y, por tanto, hacia nuestra propia identidad.

La fidelidad a la vocación cristiana es más que la perseverancia, entendida como mantener un estado de situación a cualquier coste, por pura voluntad. No puede entenderse la perseverancia como una repetición de lo que ya se dio, como un caminar desencantado por un camino ya conocido. «La fidelidad a lo largo del tiempo es el nombre del amor» (Benedicto XVI, 12-V-10). Si es importante el recuerdo del momento en que le dijimos que sí a Dios, vivencia de un encuentro amoroso, intenso y personal con Jesucristo, más importante aún es comprender que Dios nos llama también desde el futuro, para llegar a ser algo que aún no somos.

La imagen del camino es recurrente en las Sagradas Escrituras. Los padres de la Iglesia describían la vida cristiana como la peregrinación del *homo viator*. En los Hechos de los Apóstoles se le llama "Camino" a la Iglesia naciente. Como camino que es, la vocación cristiana tiene etapas. Momentos en los que el horizonte está más despejado y otros en los que se desdibuja el contorno. La esperanza nos renueva y reconforta para retomar el camino del amor. No abandonar el camino hace que nos convirtamos en el tipo de caminante capaz de alcanzar la meta.

A lo largo del camino se presentan obstáculos, contrariedades, tentaciones. Momentos de duda o de oscuridad. Se pueden hacer presentes por la desedificación o la infidelidad de otras personas, por el fracaso o la decepción con proyectos a los que le dedicamos mucho tiempo. Acompaña la vida de los cristianos la enfermedad propia o de los seres queridos, los problemas económicos, las dificultades en la convivencia, el cansancio y la pérdida de ilusión. Es imposible ser cristianos sin tomar la cruz. «Si alguno quiere venir en pos de mí, niéguese a sí mismo, tome su cruz y sígame» (Mt 16, 24). Contamos con gracia de Dios más abundante y fecunda cuando el camino se hace más arduo. Los momentos de prueba suelen ser aquellos en los que el Señor nos quiere más cerca de él. Los dones más altos son los que más cuestan.

Es la vocación cristiana una promesa. Dios no se deja ganar en generosidad. Prometió para los que le siguen «el ciento por uno y la vida eterna» (Mt 19, 29). «Nuestra fidelidad no es más que una respuesta a la fidelidad de Dios» (Francisco, 15-IV-20). Efectivamente, «toda la historia de la salvación es un progresivo revelarse de esta fidelidad de Dios, a pesar de nuestras infidelidades y nuestras negaciones, con la certeza de que "los dones y la llamada de Dios son irrevocables", como declara el Apóstol en la Carta a los Romanos (11, 29)» (Benedicto 30-V-12).

La vocación cristiana es, ante todo, un don, que hay que cuidar y hacer rendir. Un don para nosotros y para los demás. Somos transmisores de los dones de Dios. Nuestro comportamiento debería revelar esa promesa recibida de Dios. La fidelidad a la vocación es el esfuerzo por acrecentar esta conciencia del amor de Dios y corresponder a su amor con el amor a todas las personas.

Le dediqué varias páginas en un libro anterior, *La segunda conversión*, a la idea de la vocación cristiana como un camino cuya andadura incluye con frecuencia el cansancio, el hastío, el desgaste de las pruebas. Esta vez me gustaría hacer hincapié en la felicidad de este viaje, de la que tenemos el deber de ser cada vez más conscientes.

La vida es como un viaje, y un libro puede ser un buen compañero de viaje, y él mismo ser un viaje. La idea es que entre la partida y el destino haya un cambio. Que algo se mueva, se remueva en nuestro interior. Salir de la lectura un poco cambiado, como de las distintas paradas del viaje de la vida. Si no hay cambio, no hay aprendizaje. Si seguimos haciendo todo como lo veníamos haciendo hasta ahora, si le buscamos la misma solución a los problemas de siempre, no hay aprendizaje. Esto es válido no solo para el estudio o para la vida profesional sino también y, sobre todo, para la vida cristiana.

El cambio en la vida cristiana es un cambio de perspectiva. Un cambio mental, del que se sigue un cambio del corazón; un cambio, en fin, de actitud. Ese es el significado de la *metanoia*, de la conversión a la que periódicamente nos invita la Iglesia. El término del viaje no puede ser sino la Gloria, el reino de los cielos. Pero, según profetizó Jesús a sus discípulos, el reino de los cielos ya está entre nosotros. El reino de los cielos crece dentro de nosotros conforme avanzamos en el viaje de la vida. Es destino y trayecto: ya es, pero todavía no es del todo.

Todavía es un adverbio. Lo afirmo, nada más, no hay por qué temer que deje de serlo. Y como adverbio que es modifica a los nombres (sustantivos y adjetivos), al verbo, y al propio adverbio. Es el único tipo de palabra que, sabiamente, se modifica a sí misma. Me parece que el hombre y su realidad son mejor descritos por los verbos que por los sustantivos. En el orden personal, por ejemplo, es psicológicamente peligroso pasar de la reconsideración de las acciones que hemos estado realizando a ponernos una etiqueta que congela nuestra identidad. Que esté pasando por un momento en el que no acierte en alguna de ellas, no quiere decir que sea un desastre. O, al revés, que decida bien algo ahora, no quiere decir que sea un genio.

Pero todavía más sabios que los sustantivos y los verbos son los adverbios. De acuerdo con la gramática española, el adverbio precisa las circunstancias de tiempo, de lugar, de modo, de las palabras que acompaña. Así, "todavía", por ejemplo, matiza todo lo que toca, le introduce a todo un principio de humilde incertidumbre o de serena esperanza. "Todavía" le da un carácter sabiamente provisorio a las afirmaciones en las que se cuela. «Todavía estoy trabajando en el mismo lugar», «todavía no me recuperé del todo de esa enfermedad», se abre a la posibilidad del cambio lo que podría ser fatal, o se atenúa el exitismo de lo que se pretende conquistado para siempre. Llenarse de ilusión y estar vigilante son enseñanzas que nos deja al mismo tiempo "todavía".

Este libro es un viaje, y la vida es un viaje. Hay distintas formas de viajar. Pero para que el viaje cunda, hay que entregarse a sus puntos intermedios. Hay quienes preparan mucho sus viajes, buscan información en Internet sobre los lugares que piensan visitar, programan el itinerario óptimo: cuánto tiempo se detendrán en cada atracción para alcanzar a ver todas, y tacharlas luego de la lista. Luego, estando allí verifican si están viendo todo lo que hay que ver, si le están destinando el tiempo justo a cada hito para alcanzar a recorrer todos los que están en la lista. Siempre están pensando en la próxima estación. No se detienen "en serio" en ningún lado. No se instalan ni siquiera momentáneamente, internamente. Este viajero no alcanza a mirar bien lo que fotografía, que queda tapado por la imagen de sí mismo en la *selfie*. Foto que está pensada como testimonio, como prueba de haber estado ahí. Se comparte enseguida en Instagram con la oscura expectativa de ganar una competencia con otros viajeros empedernidos, aunque aquellos no sepan que están participando de ninguna competencia.

El buen viajero se deja tocar por la experiencia. Recuerdo haberme emocionado hasta las lágrimas al salir por primera vez de la Galería Uffizi en Florencia. Haber quedado en suspenso frente a Las Meninas en el Prado. Haber experimentado una alegría desconocido al asistir a un ballet en el Bolshoi de Moscú. Nada de eso, creo, le sucede al chico o la chica que se va a recorrer Europa al terminar la escuela secundaria, durante un año, en plan *work & travel*, en el mejor de los casos. Acumula fotos, mapas, contactos sin ton ni son. Ni en ese caso ni en el del viajero optimizador el viaje llega a ser una revelación.

El trayecto es tan importante como el destino. «La carretera, ¿para qué se hizo sino para conducirnos a toda la belleza del mundo?», se pregunta Jacques Leclercq en el precioso librito *Elogio de la pereza*. Y avanzando en la analogía de la vida con la carretera, se refiere a los que van apurados: «Cuanto más corre, menos ve». «¿Habéis observado que para mirar hay que pararse?».

En 2022 mi facultad cumplió 30 años de vida. Yo trabajo en ella desde hace ese mismo tiempo. Como parte de los festejos, un equipo organizador grabó entrevistas que algunos graduados le realizaron a los profesores fundadores. A mí me entrevistó una chica con una historia especial, a la que conocí una vez que fui a dar una charla al colegio de niñas donde trabaja mi hermana. La entrevistadora vivía entonces en una villa miseria, era muy talentosa y decidida, y quería estudiar comunicación. Ingresó en mi facultad, de la que yo era entonces decano, tuvo un notable desempeño y hoy es una destacada profesional.

En un momento de la entrevista me preguntó qué le aconsejaría el profesor que soy hoy al de veinte, treinta años atrás, si eso fuera posible. En algún lugar, el psiquiatra Victor Frankl dijo que deberíamos tomar las decisiones como si fuese la segunda vez que pasamos por esa encrucijada, aunque sea la primera vez que nos enfrentamos a la situación. No tardé en darle mi respuesta. Disfrutaría más cada momento, sobre todo en dos aspectos. En dedicar más tiempo a conversar, escuchar, acompañar, a colegas y alumnos. Y en reservar y proteger más tiempo destinado a leer y a escribir, en medio del ajetreo del año académico, de la gestión y de las mil burocracias que acompañan la vida de un académico. Al final de la entrevista, formaba parte del video filmar al entrevistado escribiendo una frase con tiza en un pizarrón. Yo escribí, pensando en mis alumnos y exalumnos: «Más agradecido con lo que tienes, que ansioso por lo que te falta».

Había dicho en la primera parte que el destinatario de este libro es el cristiano joven, en dos de sus modalidades: el que despega en su vida profesional y social y el que, siendo ya mayor, está en permanente contacto con los jóvenes y conserva la responsabilidad de inspirarlos, a la vez que ese contacto lo puede seguir inspirando a él. Ambos necesitan acertar en su búsqueda de la felicidad. Porque si no se acierta el camino, no sirve de nada avanzar a toda velocidad. *Bene curris, sed extra viam* («corres bien, pero fuera del camino»), sentenció san Agustín. Los mayores necesitan volver siempre a la alegría: convertirse a la alegría.

Aquí está la conexión entre este libro y el anterior. Los temas de *La segunda conversión* y de *Invitados a un banquete* están ligados en mi biografía y en la de muchas personas que conozco. Existe una primera conversión, un encuentro neto con Jesús (que puede darse bastante después de haber sido bautizados), un llamado, en donde entrevemos nuestra misión en la tierra: la huella personal que Dios quiere que dejemos en su

Iglesia, modesta tarea probablemente, pero en la que somos irremplazables.

Luego, cuando a lo largo del camino nos encontramos cansados, desanimados, heridos por los fracasos y las contrariedades, un poco hastiados quizás de nosotros mismos y de nuestras circunstancias, se requiere un golpe de timón, una vuelta en redondo, retomar el camino, pero mucho más cerca de Jesús, con una nueva ilusión por lo que resta por hacer, con la ayuda de su gracia.

El resultado de esta segunda conversión es una mayor comprensión de dónde se encuentra la alegría. Ese plan, apenas intuido, que Dios tiene para nosotros, pensado desde un amor por nosotros que no tiene equivalente en la tierra y que incluye las sorpresas que están por venir. No conviene permanecer triste varios días: el desaliento es una trama escrita por el enemigo. «Si empezamos por sentir una plena alegría cada vez que podemos, áreas cada vez más amplias de nuestros sentimientos rejuvenecerán y responderán», afirma David Steindl-Rast.

La tentación de la tristeza, del dolor incomprendido, me acecha cada tanto. Cuando pierdo un nuevo ser querido regresan como olas las punzadas del dolor sufrido con los que se han ido antes: mi hermano de 19 años, muerto en un accidente cuando yo tenía 15; mi padre, fallecido luego de padecer varias enfermedades; y mi madre, limitada por una enfermedad cognitiva, muerta al año siguiente.

El año antes de que se declarara la pandemia, a mi prima hermana le detectaron un cáncer. Ella vivía con su familia en una ciudad del interior, a 300 km de la ciudad de Buenos Aires. Era la prima que yo más quería pero menos veía, a pesar de que la distancia que nos separaba no era tanta, para los estándares de Argentina. Por eso vi como un don de Dios que ingresara en un hospital de mi ciudad, cercano a mi casa. Durante el año 2019 pude acompañarla bastante, conversé con ella más que nunca, le presenté a un sacerdote amigo, fui testigo de la rápida evolución espiritual que la enfermedad produjo en su alma, de por sí muy noble. En un momento, por ejemplo, me dijo para mi edificación que quería sufrir en paz para aliviar el sufrimiento de otros enfermos.

Para mostrar su sentido, el dolor pide una conversión del corazón. Siempre es así, el sentido es retrospectivo. Hay que buscar ese sentido, sin desesperar nunca de que no esté claro todavía. «Para oír la voz de Dios hay que saber esperar. Moisés esperaba sobre la montaña; ¿qué hacía entonces en aquel momento? Nada; esperaba», dice también Jacques Leclercq. Hace referencia al pasaje del Éxodo que cuenta que Moisés subió a la montaña y una nube lo cubrió durante seis días, y el séptimo, Dios lo llamó desde dentro de esa nube.

En una novela de Kazuo Ishiguro, *El gigante enterrado*, ambientada en la Edad Media sajona, una pareja de ancianos toma la decisión de salir de la aldea en busca de su hijo. No recuerdan bien las circunstancias en las que este se marchó, debido a una niebla que se cierne sobre la aldea, que provoca pérdida de memoria. *Brian fog*, niebla de la mente, le llaman los neurólogos al fenómeno por el cual el cerebro no puede concentrarse ni pensar bien, se olvida de cosas simples y pierde de vista lo esencial. La causa más frecuente es el agotamiento y el estrés, y se multiplicó durante la pandemia del covid.

Pues bien, con frecuencia andamos metidos en una niebla espiritual, desconcertados, con la sensación de que algo impreciso que estamos eludiendo nos impide concentrarnos en lo concreto. Que no se vea clara esa amenaza que intuimos nos impacienta, y ese nerviosismo nos impide pensar con claridad y tomar decisiones.

Aprender a esperar y a dar, por ahora, sólo el paso siguiente, no dejar de cumplir con el deber del momento por la incertidumbre de lo que vendrá después, es un medio para sobreponerse a esa inquietud. «No podemos ejercer auténticamente nuestra libertad si no es en el instante presente», afirma Jacques Philippe. Fe es también confiar en ese sentido que por ahora se nos oculta. Las cruces aceptadas tienen efectos mucho más grandes que nuestras impotentes buenas acciones. El 90 % de nuestras preocupaciones son infundadas, dicen los psicólogos, se basan en temores de cosas que nunca nos ocurrirán.

Por eso es que la paz se alcanza en el presente: «El corazón no puede quedar atrapado por lo incierto del mañana y recibir al tiempo la gracia del momento presente: una cosa excluye a la otra», continúa Philippe. «Convenzámonos de una cosa: la gracia, al igual que el maná que alimentó a los judíos en el desierto, no se "almacena". No se pueden obtener reservas de ella; solo se puede recibir instante tras instante. Forma parte de ese "pan de cada día" que pedimos en el Padrenuestro».

En general, me complico diciéndome que no puedo estar yo bien mientras un ser cercano está sufriendo. O uno lejano: un niño en un quirófano de un hospital pobre, una madre en un bombardeo. Pero hace falta estar bien para poder hacer el bien. Me he dado cuenta de que las consideraciones teóricas sobre el sufrimiento que alguien en algún lado está padeciendo ahora mismo son perfectamente compatibles con comportamientos egoístas hacia mi prójimo aquí y ahora. Están mal planteadas porque sustraen de la ecuación el valor más importante: Dios Padre misericordioso.

Toda criatura es más hija de Dios que hermano, padre, madre o prima mía. Nadie está fuera del alcance del amor infinito de Dios todopoderoso. «¿No se venden dos pajarillos por un cuarto? Y, sin embargo, ni uno de ellos caerá a tierra sin permitirlo vuestro Padre. Y hasta los cabellos de vuestra cabeza están todos contados. Así que no temáis; vosotros valéis más que muchos pajarillos» (Mt 10, 29-31).

Conviene diferenciar el ámbito de las preocupaciones del de las responsabilidades. El dolor está allí para que nosotros ayudemos a aliviarlo. Está también para recordarnos que esta vida no es el final, que la felicidad plena se alcanza en el Cielo, es decir, en la vivencia absoluta del Amor, porque —hay que repetirlo— «Dios es amor» (Jn 1, 4). Justamente el dolor de una parte del mundo permite que seamos testigos de tantos gestos de amor de la otra parte del mundo. Profesiones de cuidado, acciones solidarias, caridad sacrificada, bondad completa. Son destellos del amor divino.

Ser cristianos es empeñarse con seriedad y con generosidad en la búsqueda de la auténtica felicidad. En el caso de los jóvenes esto guarda relación con no dejarse arrastrar por la turbulencia del tiempo del despegue profesional y familiar. En el caso de los mayores, manda que, si detectamos con alguna frecuencia que no estamos contentos, deberíamos mirar adentro a ver qué pasa que no estamos con paz: seguro que no es esa la voluntad de Dios. «No es de Dios lo que roba la paz del alma. Cuando Dios te visite sentirás la verdad de aquellos saludos: la paz os doy..., la paz os dejo..., la paz sea con vosotros..., y esto, en medio de la tribulación» (San Josemaría).

Para resumir este apartado diré que la paz es una conquista fundamental. Para un cristiano no es el resultado de una actitud fatalista, de aceptación pasiva de todo lo que sobreviene como si careciésemos de toda capacidad de desviar el curso inexorable del destino. No es anulación del deseo para que no se introduzca subrepticiamente con él el sufrimiento. La paz es concomitante con la lucha interior. Es, ante todo, una gracia de Dios. Pero ¿cómo llegar a tener «el espíritu ágil, el alma serena y el corazón en paz», como proclama Leclercq?

Lo primero es detenerse. Para mirar hay que detenerse. Sostiene Steindl-Rast que, si nos detenemos, tendremos la ocasión de observar, y lo que observamos es la oportunidad que el momento presente nos ofrece. Pero el momento presente no existe para quien pasa de largo, corriendo de actividad en actividad, siempre detrás de los acontecimientos. Hay que pararse a pensar, a orar. Lo primero que uno advierte cuando logra parar es que la paz es un don que vale la pena proteger. Desde la paz se pueden jerarquizar los hechos con un criterio trascendente, según el orden del amor.

Las personas podemos decidir dónde poner la atención. Ya cuando caemos en la cuenta de que estamos distraídos, divagando, rumiando un pensamiento poco nítido pero que nos inquieta, podemos reenfocar la mente. Darse cuenta de la dispersión ayuda a controlarla. Con ejercitación podemos llegar a elegir en qué pensar. Enfocarnos en lo que eleva nuestro corazón. Volver a las ideas buenas, a la presencia de Dios.

Al detenernos reaparece el momento presente. Dios no espera de nosotros más que una cosa a la vez: nunca dos. Suelo decirles a mis colaboradores en el trabajo, cuando los veo abrumados por la tarea, que conviene pasar de simultáneo a sucesivo. Una cosa por vez.

Esto de inquietarme por todo a la vez a mí me pasa sobre todo los lunes por la mañana. Se me presentan varias preocupaciones y desafíos pendientes al mismo tiempo. En ese estado laxo de la mente, todas las inquietudes están en pie de igualdad, como los atletas en la línea de salida. Esa congestión de ideas se lleva por delante la serenidad y, si persiste, demora también la acción. Es como el embudo que se produce en el tránsito de las carreteras cuando un accidente reduce la calzada.

En Argentina hay grandes extensiones de llanura en el campo, en la región que se conoce como pampa. Por eso, se dice de alguien que está "apampado" cuando no se decide por dónde empezar a resolver los varios problemas que lo rodean, así como un sujeto rodeado de un idéntico paisaje ilimitado no sabe para dónde ir.

Una manera práctica de reducir la ansiedad que nos producen las preocupaciones múltiples y sin jerarquía es destinar un momento a organizar las actividades del día. Es el famoso *To do*, listado de tareas pendientes que suelen hacer los empleados de las empresas. Una vez confeccionada la lista hay que ordenarlas por orden de importancia, y no de facilidad o urgencia, para resolverlas. Tener claras las prioridades tranquiliza sobremanera.

Las prioridades, afirma Fabio Rosini, pueden confundirse con las urgencias, pero son claramente distintas. Las prioridades están antes de las acciones, las urgencias sobrevienen con las acciones que se precipitan en nuestra jornada. Las prioridades responden a un criterio de fondo: la misión que tenemos en el trabajo, integrado a nuestra vida como totalidad. Las prioridades para el cristiano tienen como criterio indiscutido la caridad. Primero es el amor. Es lo que hace que sea más importante escuchar los problemas familiares de un colega en el trabajo que contestar un correo atrasado.

La ansiedad puede introducirse en el terreno de la caridad. Pueden arribar al mismo tiempo preocupaciones por muchas personas que queremos: el examen de un tutorando, la salud de un hijo, el problema de una colega con su hija, un hermano distanciado o una madre sola. En ese caso puede ser bueno también confeccionar listas, para rezar por esas personas.

El papa Francisco deja un papelito con las intenciones por las que le piden rezar bajo una imagen de san José durmiendo. A san José le llegó en sueños varias veces la voluntad de Dios, que se apuró en cumplir. Santo encargado de cuidar del Niño Dios y de la Virgen María, fue capaz de contribuir a solucionar los graves problemas que se le iban presentando a la Sagrada Familia, siendo dócil a las inspiraciones de Dios. Por eso es gran intercesor para los problemas que parecen no tener solución, sobre todo cuando le aquejan al prójimo.

Otra idea que ayuda a aliviar la preocupación sobre los demás es que no todos esos problemas entran dentro de nuestras posibilidades de intervenir. El único bien que se puede hacer es el que se puede ir haciendo. Abandonamos lo demás en las manos de Dios. Ese sector de las inquietudes que no alcanzamos con nuestra acción y que dejamos en el regazo de Dios es el que está mejor atendido. Nuestra posibilidad de solucionar así los problemas es inconmensurable si contamos con la misericordia omnipotente de Dios, por mucho que nos veamos a nosotros mismos incapaces de ayudar.

Hay quienes se sienten con el oficio de Don Quijote de la Mancha: «Andamos todo el día desfaciendo agravios, enderezando entuertos, acorriendo viudas, limpiando la tierra de gigantes y malandrines». Se sienten responsables del mundo, como el titán Atlas de la mitología griega, a quien Zeus condenó a llevar sobre sus hombros la bóveda celeste.

Nuestro abandono en las manos de Dios no es, pues, puramente pasivo. El abandono y la entrega a la voluntad de Dios Padre responden al mismo movimiento. La voluntad de Dios se nos revela gradualmente, hay una voluntad para cada momento, la cual Dios no nos expresa en forma nítida nunca para dejarnos libres y con la iniciativa de buscarla.

Dice Phillipe: la escalera hacia la perfección no tiene más que un peldaño: el que subo hoy. Vivir el presente no supone la suspensión de la vida ordinaria, como en el caso del budismo zen, sino que implica sumergirse en ella. El paso que doy ahora es un don, que puedo acoger con amor a Dios y a los hermanos, algo que lograré si abandono en las manos de Dios los próximos tramos del camino, y también los ya pasados. Entregarse al presente, abandonando en Dios el pasado y el futuro: en esto consiste muchas veces la fe, en tener el coraje de soltar las inquietudes.

Eso puede otorgar a cada acto un valor trascendente. Demorarse en la lectura, la redacción del informe, el viaje, la oración, la conversación, la tarea manual en que estoy empeñado. Demorarse en algo es darle importancia. Supone que las cosas duran. Además, al esforzarnos por ser conscientes de lo que estamos haciendo bien podemos romper el automatismo de las tareas rutinarias, y poner en ellas amor.

Detenerse ayuda a darle valor al camino y no solo a la meta. Del valor de llegar a un sitio, al valor de estar en camino: la cuestión es el viaje, encontrar significado en el proceso. Desde hace años practico *running*. Corro unos diez kilómetros un par de veces por semana. No es gran cosa, pero me ayuda a descansar, sobre todo la mente. A los veinte minutos empiezan a aparecer pensamientos no dirigidos, no buscados: emergen solos y suelen ser bastante originales. Hay muchos testimonios de que la mente encuentra soluciones creativas a problemas en momentos inesperados, en situaciones más relajadas en donde la atención está puesta en otro lugar distinto del problema. Un profesor que se dedica a temas de creatividad, por ejemplo, asegura que muchas de sus ideas le sobrevienen cuando está empujando el columpio de su hija pequeña en la plaza.

Al principio me motivaba pensar en lo bien que me iba a sentir al terminar de correr. Pero luego pasé a pensar que el recorrido también es apreciable: el sol y la brisa dándome en la cara, la música que escucho en los auriculares, los árboles a los costados del camino, los deportistas con los que me cruzo, los niños y los perros. Prestarles atención a los pasos intermedios en vez de al resultado contribuye a que hagamos mejor lo que hacemos: estudio, comida o reuniones de trabajo. En la conciencia del camino se puede recuperar la paz.

Perdón

Como dije en el apartado anterior, Romano Guardini considera que la clave de una identidad armoniosa es la aceptación de sí mismo. Y esto porque somos para nosotros lo completamente dado. Nadie se da la vida a sí mismo. Nuestro origen está más allá de nosotros. Nuestra vida, nuestro ADN, nuestras características personales más arraigadas, la familia en la que nacimos, las circunstancias no buscadas que acompañaron nuestro desarrollo, la vocación cristiana que nos salió al cruce... Todo tiene su origen en Dios.

En lo que alcanza la memoria, ya vivíamos, ya crecíamos, tal vez dentro de una comunidad de fe, en una familia y en un entorno cristianos, al menos en su deseo. En los cortes biográficos, en los recomienzos que se suceden a lo largo de la vida, cuando nos preguntamos si estamos siguiendo el camino que Dios preparó para nosotros, o si lo estamos haciendo con auténtica alegría, cuando nos sentimos necesitados de pararnos a ver si somos realmente felices o si no lo podríamos ser más, debemos partir de lo que somos, de lo que hasta ahora hemos hecho con lo dado: el don de nuestra vida, de nuestra familia, de nuestra vocación cristiana. Cuando lo hacemos serenamente, descubrimos desde el principio y hasta el día de hoy un hilo conductor en nuestra vida, que es el amor de Dios.

Si lo que queremos es reiniciar el viaje, pero con más alegría, lo primero es volvernos a quien nos dio esta vida.

«Sin mi nada podéis hacer», nos alerta Jesús. Ni siquiera un poco: nada, *nihil*. Münchhausen fue un barón alemán del siglo XVII que vivió abundantes aventuras, recogidas y combinadas con la más pura fantasía por un amigo suyo escritor. Una de sus más famosas leyendas cuenta que se sacó a sí mismo de una ciénaga tirando para arriba de la coleta de su cabello, lo cual es físicamente imposible. Esta historia es empleada para enseñarnos que no podemos solucionar nuestros problemas desde nuestro propio nivel, con nuestra misma comprensión del asunto.

Nadie se inicia a sí mismo y nadie recomienza por sus propios medios. Recomenzar, afirma Fabio Rosini, en realidad, quiere decir ser regenerado. Se requiere de un Padre para renacer. Recomenzar, no es algo que se hace, es algo que se recibe.

«Cuando acudamos al banquete no seremos nosotros quienes pondremos la mesa. Encontramos las cosas hechas. Otro las ha preparado para nosotros. No dictamos nosotros las condiciones de partida. Las cosas no responden a un plan nuestro. La realidad no nos obedece», sigue diciendo Rosini. «El mundo es caótico. Sigue así. La cruz de Cristo es necedad y escándalo. Yo soy caótico».

«Desde toda la vida no me siento normal, y encuentro gente que no se siente normal. ¿Cómo es una persona "normal"? ¿Y quiénes son? Nunca he visto una». Un psiquiatra me contó que un viejo profesor de la facultad le decía que el normal es un perfecto idiota. La vida nos sacude, nos tira para arriba y para abajo. Cuando un aspecto parece estar en perfecto orden —por ejemplo, la empresa en que trabajamos—, otros varios se desordenan: el país atraviesa una grave crisis económica o el mundo entra en guerra.

Es imposible que se sincronicen los mejores momentos en mi vida con los de la vida de mis familiares, colegas, amigos. Por otra parte, ¿qué son mejores momentos? ¿Cómo pueden serlo para todos por igual? No lo sabemos.

Estas diversas evoluciones en los diferentes círculos en los que nos movemos tienen que ver con la libertad. El futuro tiene para nosotros una indeterminación que se debe a la libertad nuestra y de todas las personas. En el Credo, inmediatamente después de reconocer que Dios es Padre afirmamos que es todopoderoso. Su paternidad todopoderosa es la que concilia el respeto de la libertad de cada uno con el influjo amoroso en el curso de la vida de cada cual, y que la incidencia del actuar libre de algunos no perjudique esa providencia bondadosa respecto de los demás.

Siendo caótico en medio del caos soy amado de Dios Padre. «¡Tú eres alguien hermoso! ¡Eres alguien importante! Y muchas veces lo he gritado en medio del ruido de la desesperación, de la resignación, de una conformidad de batalla perdida de antemano (...). ¡Deja de maltratarte!» (Rosini).

De modo que un punto de partida muy importante en cualquier nuevo viaje hacia una felicidad más plena es una toma de conciencia profunda de que esa materia frágil de que estamos hechos es la querida para nosotros por Dios. Todo recomienzo sale de mirarnos con los ojos amorosos de nuestro Padre Dios. Él está contento de nosotros, porque está contento de lo que somos. Hay un proyecto específico que Dios tiene para cada uno. No somos seres hechos en serie. Dios pensó en mí, y lo hace continuamente.

Cuando mi madre ya estaba mayor y enferma se alegraba mucho al verme, e incluso al escucharme al hablar por teléfono. A veces me la ponían en el teléfono mis hermanas, que estaban más cerca físicamente de ella, para que la convenciera de que siguiera alguna indicación médica. Ella se dejaba convencer. Siempre se despedía de mí diciendo: «Adiós, tesoro». Esas palabras me quedaban resonando. Era bueno saber que mi madre se acordaba de mí como un tesoro. «Donde está tu tesoro está tu corazón», afirmó el Señor (Lc 12, 34).

Es bueno saber que nuestros seres queridos piensan en nosotros. Que hay quienes rezan por nosotros. Es más, que, por la comunión de los santos, nos llega la intercesión de todos los cristianos. «Por eso ruego…a vosotros hermanos, que intercedáis por mí ante Dios nuestro Señor», recitamos en el Confiteor de la misa. Pues bien: Dios piensa en nosotros en todo momento, y eso no lo distrae de pensar en todos los demás. Soy un tesoro para Dios.

Tengo colegas mucho más inteligentes que yo, que han impactado más en la sociedad con su investigación o que son más brillantes en sus clases y en sus conferencias. Amigos que tiene familias encantadoras: mujeres buenas y bellas, hijos llenos de talentos. Conocidos que han alcanzado muchos más logros que yo en su vida profesional, más eficientes, más productivos. Conozco muy bien las malas elecciones de mi pasado, mis pecados, mis limitaciones físicas y psicológicas, y, sin embargo, no me cambiaría por nada del mundo por ninguno de ellos.

Estoy a gusto siendo quien soy. Porque Dios tiene un amor que solo se ajusta a esa peculiar combinación de cuerpo y alma, virtudes y vicios, identidad y ejercicio del libre albedrío que soy yo. Antes, durante y después de mi identidad incompleta y descentrada está mi Padre Dios.

No sólo la aceptación de sí mismo, sino la conciencia de que cada rincón de nuestro ser es mirado amorosamente por Dios Padre es el reinicio de la felicidad. ¡Soy hijo de Dios! Para alcanzar el perdón de Dios, para llegar a perdonar a los demás, es preciso arrancar por perdonarse a sí mismo. No estamos condenados a arrastrar la cadena de las malas elecciones de tiempo atrás.

Al perdonar a los demás hacemos que el daño que nos hicieron en el pasado deje de tener vigencia en el presente. Eso nos libera. En *Una historia del Bronx*, una vieja película sobre la mafia estadounidense, el hijo de nueve años de un conductor de autobús se vincula con un jefe de la mafia. Es una película de iniciación en donde el chico recibe el influjo de dos mentores, su buen padre (Robert de Niro) y el mafioso, quien le toma cariño, lo mantiene lejos del delito y le salva la vida. Entre los buenos consejos que le da este padre sustituto de las peligrosas calles del Bronx está el de no perseguir a los acreedores.

Cuando el muchacho crece persigue a un compañero que le debe unos pesos, y este siempre le presenta excusas o huye de él para no pagarle. Más vale dar por perdido ese dinero y no estar pendiente del deudor todo el tiempo, le dice. Perdonar la deuda le devuelve al muchacho la libertad de movimiento. Esto aplica para las deudas ajenas tanto como para las propias. En esta misma película el chico sale feliz después de haberse confesado, exclamando: ¡era bueno saber que se podía volver a empezar cada domingo!

Existe una segunda virginidad para quien la ha perdido, pero ahora procura volver a empeñarse en guardar su integridad sexual para su futura mujer o marido. La infidelidad no es tan grave por el pecado contra la pureza como por el pecado contra la justicia, que daña dramáticamente la dignidad del cónyuge, la confianza y la estima recíproca. Sin embargo, se puede volver de la infidelidad: no hay pecado del que no se pueda volver. Somos pecadores, pero no somos ninguno de nuestros pecados. Nadie es definido por sus defectos. Nadie es esencialmente un traidor, un mentiroso, un borracho, por mucho que haya traicionado, mentido o abusado del alcohol.

Cuando un pecado se repite hay que ver cuál es la carencia que se esconde detrás del vicio. Por ejemplo, las personas que incurren con frecuencia en pecados de impureza en materia sexual o de excesos en la bebida pueden querer tapar un vacío en su corazón, la ausencia de un amor auténtico y, siempre, el alejamiento de la presencia amorosa de Dios. ¿Cuál es la subjetiva carencia de amor que quiero tapar con mis vicios?

Tengo que controlar una imperfección que he heredado de mi padre. Tiendo a detectar rápidamente los nuevos defectos de las personas queridas. A veces no sólo los identifico, sino que se los menciono a las personas que los padecen. Por supuesto que sólo lo hago con personas con las que tengo mucha confianza. Pero me he encontrado preguntándole a una joven colaboradora con algo de estrabismo si su problema no tenía alguna solución. Sé que esta tendencia a veces ha tenido buenos efectos. Por ejemplo, otra colaboradora se animó a consultar al médico a raíz de que yo siempre le preguntaba por el origen de una tos suave pero persistente que solía tener. Resultó ser una neumonía mal curada que luego se remedió. Pero detectar tan rápido los defectos puede ser una imperfección: el defecto no puede ser lo primero que se resalte.

Dije que la heredé de mi padre. Era muy ejemplar y exigente, algo parco para el elogio. Cuando le llevé uno de los primeros libros que publiqué, advirtió enseguida una errata en un lugar bien visible, en la contratapa. Efectivamente, las contratapas de los libros a veces no son vistas por los correctores del texto y justo ahí se pueden filtrar errores de imprenta. Otra vez me presenté en su casa con un saco nuevo, del que estaba orgulloso, pero antes de elogiármelo me señaló que tenía un hilo suelto en una manga. Cuando iba a visitarlo, indefectiblemente me preguntaba sobre aspectos de mi salud o de mi trabajo que yo no quería traer a la conversación porque no iban tan bien. Lo recuerdo como una preocupación genuina por mí, pero como una mirada más aguda para los defectos que para las virtudes que yo pude haber recibido en herencia.

Tanto cuando nos miramos a nosotros mismos como cuando miramos a los demás tenemos que procurar hacerlo con los ojos de Cristo. Dice san Francisco de Sales en su clásico *Introducción a la vida devota*: «De la misma manera que las amonestaciones de un padre, hechas suave y cordialmente, tienen más fuerza para corregir un hijo que la demasiada cólera y enojo, así cuando nuestro corazón habrá hecho alguna falta, si la reprendemos con amonestaciones suaves y sosegadas, teniendo más compasión de él que pasión contra él, animándole a la enmienda, el arrepentimiento que concebirá tomará más raíces y le penetrará mejor que lo haría por un arrepentimiento enojoso, arrebatado y tempestuoso».

Es difícil confiar en la misericordia de Dios y ser misericordioso con los demás, sin ser misericordioso consigo mismo. Sólo puede haber esperanza en cambiar y verdadero propósito de enmendarse si nos perdonamos, si creemos que es posible recuperar y aún superar la belleza del alma anterior al pecado. La constatación de nuestras continuas faltas nos hace conscientes de la necesidad del Salvador. Podríamos quedarnos atrapados en nuestros errores del pasado sólo si no tuviéramos un Salvador. No podemos empequeñecer el sacrificio redentor de Cristo por nosotros. «Hemos sido comprados a gran precio» (Hch 17, 11).

Muchas veces el enojo con nosotros mismos procede del orgullo herido, de la confusión entre santidad y perfeccionismo. Sabemos que los santos se veían a sí mismos como pecadores y que la dilatada conciencia de sus defectos acrecentaba su confianza en la misericordia de Dios. Dios vino a buscar lo que estaba perdido (Lc 9, 12): los que tenemos más necesidad del Médico divino somos los enfermos (Mt 9, 13).

Algunos autores han señalado la influencia que ha tenido el psicoanálisis de Freud en nuestra manera de auscultar nuestras ideas, emociones y relaciones. Un escritor, por ejemplo, sostiene que todos queremos tener una vida excepcional, ser protagonistas de una novela dramática y por eso nos atrae la posibilidad de haber sido víctimas de algún trauma en nuestra infancia, luego sepultado en la memoria, que justificaría algunos comportamientos excéntricos de la actualidad.

No es mala idea pensar nuestra vida con el formato de un relato, devolverle la continuidad narrativa a nuestra subjetividad, amenazada por la dispersión y la incoherencia. La escritura puede ser reveladora de aspectos esquivos de nuestra propia identidad, puede ser sanadora de heridas profundas, quizás olvidadas. Y si no es con la escritura, contar oralmente nuestra propia historia a los demás nos ayuda a aceptarla, integrarla mejor en lo que hoy somos, comprendernos mejor a nosotros mismos por el trámite de hacernos entender por los amigos y amigas, por las personas que nos quieren de verdad.

Pero hay una idea perniciosa en la descripción que Freud hace de la relación que lo inconsciente tiene con el yo. La culpa es patológica, porque la misma idea de la transgresión moral es traumática: la moral es neurosis, represión del deseo, asimilación de una coerción arbitraria que nos angustia porque los principios morales se enfrentan con nuestros deseos. Se ha popularizado la idea de que la culpa es algo enfermizo, de lo que hay que liberarse.

Por supuesto una culpa desproporcionada e injustificada, que no se deriva de la conciencia de haber cometido voluntariamente una falta moral, una culpa que, en cambio, viene de no haber alcanzado las expectativas o pretensiones de otros sobre nosotros, sean autoridades o pares, es realmente dañina y puede enfermar a quien la padece. A nadie le conviene volver insistentemente sobre los pecados pasados, observarlos con lupa. Además del perdón, a veces, a Dios habría que pedirle amnesia. No es saludable examinar con angustia la propia conciencia o descubrir con escándalo que hay malas inclinaciones que nos dominaron en otra época y que no se acaban de ir. Hay mentalidades escrupulosas, obsesivas o rigoristas que pueden caer más seguido en esta situación perturbadora. No es de Dios lo que quita la paz al hombre.

Pero más frecuente en nuestro entorno, no nos engañemos, es la poca conciencia de la maldad del pecado, de su componente autodestructivo, y de la distancia que pone entre nuestra autoafirmación y el amor incondicional de Dios. Incluso Freud advertía que una deuda original nos acompaña desde niños. Es el pecado original, del que hablan todas las religiones, la mitología y la filosofía desde sus orígenes. El libro del Génesis cuenta cómo el demonio tentó a nuestros primeros padres haciéndolos desconfiar de Dios. Lo presenta como un poderoso manipulador que le pone límites a nuestro conocimiento y a nuestra libertad, en una inverosímil competencia con su propia criatura: para que nunca lleguemos a ser parecidos a Él. Al pecar, les dice el diablo a nuestros primeros padres y nos sigue diciendo a nosotros, «seréis como dioses, conocedores del bien y del mal». En un plano metafísico definiríamos nosotros mismos qué es lo que nos conviene o no, lo que es bueno o malo sería nuestra decisión.

El recuerdo de esta primera tentación aparece en toda tentación: ¿por qué es malo esto que la ley moral dice que es malo, y que hasta ahora mi conciencia me ha venido presentando como un mal? ¿Por qué Dios prohíbe hacer daño a cualquier persona, incluso a aquellas que me hacen mal? ¿Por qué me niega el derecho al placer buscado como un fin en sí mismo, por esas vías que en otros momentos se evidencian como tan egoístas y antisociales y ahora tan fascinantes?

El rechazo de toda forma de culpa es el rechazo de cualquier norma por la que Dios, a través de la realidad natural y la vida social, orienta mi capricho y mi rebeldía. La culpa no es un mal, es un termómetro, del mismo modo que el dolor es un síntoma de que algo no funciona en nuestro organismo. Sin dolor no sacaríamos rápido la mano del fuego ni nos curaríamos la herida. Así como la realidad material me impone límites, que me infringen sufrimiento si intento franquear, el prójimo le impone límites morales a mi conducta, y la culpa es el sufrimiento que le sigue a no respetarlos.

Afortunadamente hay sentimiento de culpa que invita a la rectificación y a la sanación. Si no tuviéramos culpa no necesitaríamos ser curados, regenerados. *Felix culpa*: «O feliz culpa que nos mereció tal salvador», reza al pregón pascual.

Sólo el que pide perdón puede recibirlo. Sólo es salvado quien tiene necesidad de ser salvado. El Señor acoge a todos los enfermos que le gritan al borde del camino, como el ciego Bartimeo, o se abren paso entre la muchedumbre para tocarlo, como la hemorroísa. Los fariseos, en cambio, se creen impecables y se excluyen de la invitación de la misericordia de Dios.

En *El hombre que quería ser culpable,* una curiosa novela futurista de Henrik Stangerup un hombre mata un día a su mujer y en vez de ser condenado inmediatamente es acogido con empatía por los psicoterapeutas asignados por la Justicia para ayudarle. Se trata de una sociedad avanzada que reniega de la responsabilidad personal. Intentan borrar la memoria del crimen en el hombre, quien comienza a enloquecer en el infructuoso intento de convencer a los que supuestamente le ayudan de que sí es responsable del crimen. Suprimir su culpa es para el protagonista de la novela tanto como perder las bases mismas de su existencia.

Una sociedad que negara la responsabilidad moral de cada uno, solo fomentaría la aparición de individuos tiránicos, cuando no sociópatas. No, no hay que privar a los niños ni a los jóvenes de la enseñanza de la culpa bien orientada: de esa sabiduría procede la rectificación y la reparación. De ahí procede el don precioso del perdón.

No pocas veces se confunde la culpa con la vergüenza. En algunas clases de redacción he usado la primera página de la novela *La paloma,* de Patrick Suskind, como disparador. En ella el narrador alude a la vida anodina que llevaba hasta que le ocurrió lo de la paloma. Interrumpida ahí la lectura puede hacer de preámbulo a numerosos relatos.

Pues bien, un fin de año, la institución en la que trabajo como investigador me había depositado en una cuenta del Banco Nación más dinero del que yo esperaba. Cuando me dirigí al cajero automático, resultó que había olvidado la clave que hay que ingresar para liberar la plata. Fui entonces a la sucursal del banco más cercana a mi casa. Me dijeron que para extraer dinero por el mostrador tenía que dirigirme a mi propia sucursal. Al día siguiente me fui hasta allí, pero no entregaban plata ese día, por una huelga de empleados bancarios. Volví otro día. Caminaba distraídamente, cuando a una cuadra del banco me defecó una paloma en el hombro. La señora que caminaba justo detrás de mí exclamó impresionada y atinó a agregar: «Dicen que trae buena suerte». Regresé a mi casa.

Este incidente no merecería quedar grabado en la memoria salvo por la actitud que asumí durante ese viaje de regreso a casa a través de diez cuadras fructíferas en introspección. Empecé a sentir una creciente vergüenza de portar tamaño excremento. Busqué calles menos concurridas, y apuré el paso rozando casi la pared con el hombro manchado. Eso no impidió que varios transeúntes me miraran con espanto. En un semáforo, incluso, otra señora comenzó a informarme: «Señor, tiene...». «Lo sé, lo sé, estoy yendo a casa a cambiarme», contesté rápido, sin agradecer, afectado por la vergüenza.

Este es el punto: ¿por qué me producía vergüenza algo de lo que era víctima involuntaria? Como recuerda el sociólogo inglés Anthony Giddens, uno es el eje de la culpa y otro el de la vergüenza, pero en época de confusión se confunden. Con frecuencia los jóvenes sienten culpa por cuestiones que deberían darles vergüenza, pero no culpa, como por ejemplo una imperfección en el rostro. Y, al revés, sienten vergüenza —y no culpa— por temas de los que son culpables, por ejemplo, que se los descubra copiando en un examen.

Los ejes de la vergüenza y de la culpa se mezclan más en esta sociedad digital, en la que todos dependemos tanto de la valoración de los demás, todos custodiamos nuestra reputación, a la par que descuidamos el cultivo delicado de nuestra conciencia. Lo involuntario no tiene nada que ver con la culpa. La vergüenza también es un medio de control de las conductas socialmente nocivas.

«La vergüenza salvará a la humanidad», le hace decir el director ruso Tarkovski en la película *Solaris* a un psicólogo escandalizado por la deshumanización de los científicos de la estación espacial que fue a investigar. Lo ideal sería que sólo nos diera vergüenza aquello de lo que tenemos culpa, pero hoy los criterios de valoración social se corresponden cada vez menos con los de la conciencia moral. La culpa está vuelta hacia adentro, y la vergüenza hacia afuera. Ambas son emociones transitivas, solo saludables como activadores de conductas positivas.

Dios perdona siempre. Cuando acudimos al sacramento de la reconciliación obtenemos como el certificado de ese perdón: es un encuentro cercano con la misericordia de Dios. Es mucho más que acudir a un acompañante espiritual, es uno de los modos más eficaces de la presencia de Jesús en nuestras vidas. Para eso vino Jesucristo a la tierra, para eso sigue al lado de nosotros a través de los sacramentos, para devolvernos o acrecentarnos la vida. No hace falta que busquemos excusas o atenuantes al advertir o al confesar nuestro pecado: Cristo pone todo el perdón. De manera que después de una buena confesión o de un acto de contrición perfecto quedamos en mejor situación que antes de pecar.

Uno de los motivos de alegría más recurrentes en el Evangelio es, justamente, el que surge del perdón. En las parábolas de la misericordia del evangelio de san Lucas, la mujer que encuentra la dracma perdida organiza una fiesta para festejar, lo mismo que el pastor que había perdido una oveja. El perdón es otra fiesta.

El psicoanalista Massimo Recalcati en *El secreto del hijo* afirma que estas dos breves parábolas lucanas tienen como tema "la fiesta del recobramiento". «En ambas, lo que importa no es el objeto recobrado, no es la adquisición de una oveja o una dracma. Lo que está en juego es la experiencia del recobramiento de lo que una vez se tuvo y se creía perdido para siempre. Recobrar es devolver la vida…Y no considerar la caída como la última palabra sobre el significado de la vida».

Me sucede que pierdo, cada tanto, cosas imprescindibles para mi funcionamiento normal: las gafas para leer o el cargador del teléfono móvil. Ese incidente me saca del carril de la actividad cotidiana, y no puedo continuar con lo que sigue si no encuentro el objeto perdido. Cuando doy con él experimento una alegría mayor que la que tenía, inadvertida, antes de haberlo perdido.

Reencontrar es tomar conciencia del don que se poseía sin apreciarlo. En nuestra condición limitada, de hombres y mujeres que experimentan a diario sus limitaciones de origen, sus heridas ancestrales, el perdón nos devuelve la conciencia del don. La próxima vez cuidaremos mejor del don para que no se vuelva a perder, o volviéndolo a perder no desesperaremos: conocemos ya la alegría que implica recuperarlo.

Soy bastante torpe para tareas manuales prácticas. Pero me he dado cuenta de que la relación de costo beneficio de hacer un pequeño arreglo es muy ventajosa. Es decir, la satisfacción que me produce el resultado, aunque no sea muy prolijo, es desproporcionada respecto del escaso tiempo y esfuerzo que requiere la tarea. Así, por ejemplo, calzar un pequeño tornillo en las patillas de mis gafas o reparar la delicada pantalla del velador de mi mesa de luz, son para mí pequeñas proezas que derivan en un subidón de dopamina, la hormona de la recompensa y la satisfacción.

Me gusta ver el primor que ponen quienes se dedican a oficios de reparar objetos: relojes, lapiceras, prendas de vestir. Me quedo mirando esos videos de las redes sociales con todo el proceso de poner en forma un cochecito de juguete metálico, oxidado y abollado grabado en cámara rápida. Luego de separar todas las piezas, enderezarlas, pulirlas, pintarlas o volverlas a su lugar, el objeto es ahora más precioso que el original.

La vida espiritual está también jalonada por pequeñas alegrías de rectificar, de volver a empezar, de poner otra vez amor. Lo correcto es lo corregido, decía un amigo profesor. Venimos fallados de fábrica y fallamos. Lo bueno es que Dios lo sabe y por eso no nos pide que seamos impecables, perfectos. Nos pide que volvamos al amor cada vez que nos tropezamos con nuestro egoísmo, con nuestro orgullo, con nuestro capricho, con nuestra obcecación.

La parábola del hijo pródigo es la cima de la serie de parábolas de la misericordia. Es más bien la parábola de los dos hijos. Nos presenta dos situaciones, la del hijo que busca su realización personal en "un lugar lejano", que ansía la autonomía de la casa de su padre: libertad sin obediencia. Y la del hijo mayor, que experimenta la sumisión al padre sin alegría interior: obediencia sin libertad. Un corazón egoísta y un corazón frío.

Es, ante todo, la parábola del Padre Misericordioso, quien tiene dos actitudes desconcertantes. Por un lado, cuando su hijo le pide impertinentemente la parte de su herencia se la entrega sin queja. Desde entonces vive en vilo por el camino libertino que ha decidido emprender su hijo, pero no le impide transitarlo. Más sorprendente aún es que no le aplique el castigo merecido por haber abandonado su casa y gastado la herencia con prostitutas, sino que se adelante para abrazarlo y llenarlo de besos apenas lo ve llegar por el camino, antes de que su hijo alcance a pedirle perdón. Y le organiza una fiesta para celebrar su recuperación.

«El perdón no ha sido merecido por el hijo —asegura Massimo Recalcati—, no recompensa el arrepentimiento que se ha verificado. Más bien es lo que lo hace realmente posible. Hace posible el arrepentimiento no como razonamiento cínico ("Si mi padre mantiene a sus asalariados, como mínimo me mantendrá igual que a ellos"), sino como conversión, como cambio, como transformación auténtica».

Recalcati la llama la parábola del hijo recobrado. «La aplicación mecánica de la Ley —castigo— temida por el hijo, queda infinitamente suspendida gracias al amor del todo inesperado del padre. Frente a la ejecución inexorable del destino prevalece la fiesta del regreso. En el corazón de esta fiesta se sitúa la experiencia enigmática y abismal del perdón».

Tener confianza en el don hermoso del perdón es lo que nos mueve al arrepentimiento, la certeza del amor increíble de Dios Padre, de su Hijo que dio la vida por nosotros, y del Espíritu Santo que se derrama en nosotros, antecede y estimula la conversión de nuestro corazón a la alegría.

EUCARISTÍA

«Dichosos los invitados al banquete del Señor», dice el sacerdote en la Santa Misa mientras eleva la Hostia. La misa es el banquete del Cuerpo y la Sangre de Jesús, la Pascua del Señor. Es el umbral de entrada al banquete celestial.

Luego de la ascensión del Señor al cielo, la misa es el lugar de encuentro con Jesús por antonomasia. No es la repetición de la pasión, muerte y resurrección de nuestro Señor Jesucristo sino su renovación. La misa no es respecto del momento original, que está en el centro de todos los momentos de la historia de la humanidad, como una copia idéntica, pero esencialmente distinta del original, como serían dos lámparas de la misma serie de fabricación, similares hasta el detalle. No. La misa nos transporta al acontecimiento pascual.

Fue instituida por el Señor durante la última cena. Cuando el sacerdote consagra el pan y el vino repite los gestos y las palabras de Jesús en la Cena. La misa, sin embargo, no es renovación de la Cena sino de la Pasión y de la Resurrección. Jesús anticipó su Sacrificio en la última cena y dio a sus apóstoles de comer del pan que era ya su cuerpo y del cáliz que era ya su sangre, aunque aún no se había inmolado por nosotros. La Cena anticipa lo que la misa vuelve a hacer presente.

Hay jóvenes que van de misión todos los años, que participan activamente en los grupos juveniles de la parroquia, pero no asisten siempre a la misa dominical. Tienen una conexión exterior con el Señor, como con un modelo ejemplar, sublime incluso. Pero no están conectados con la vida misma de Jesús. No participan de su vida.

Dios quiso dejar consignadas en los Evangelios todas las palabras y las acciones del Señor Jesús que necesitamos para imitarle. No sólo nos contó Él mismo su biografía, sino que preservó los libros revelados, que llegan hasta nosotros, por particular providencia de Dios, para que nos alimentemos de la Palabra. Asimilamos su vida a partir de la Palabra. En la liturgia se habla de la mesa del pan, la comunión, y la mesa de la palabra: la lectura de la Biblia y, sobre todo, del Evangelio. «El Cuerpo y la Sangre se nos dan como nutrición —recuerda Rosini—, justo porque son Palabra ya encarnada, de modo que nos convertimos en lo que acogemos, en lo que comemos».

Dios quiso revelar en Cristo la idea que tuvo del hombre cuando lo creó. La vida de Cristo es suficientemente elocuente sobre quién es y cómo debe obrar el hombre. Pero hizo mucho más que eso. Nos dejó su cuerpo como alimento para que pudiéramos imitarlo, ayudados por Él mismo. Para que pudiéramos imitarlo desde dentro. Por eso un cristiano que se acerca a las Escrituras y que trata al Señor pero no frecuenta la Eucaristía, es como una lámpara en buen estado, pero desconectada de la corriente eléctrica. No está encendida ni puede iluminar.

La Gracia es la misma vida de Jesucristo. Al comulgar recibimos la Gracia de Dios y al Autor de la Gracia. La vida de Cristo pasa de la Eucaristía a nosotros. Solo podemos revelar en nuestra vida los valores del Señor si estamos unidos sacramentalmente con Él. Es el propio Dios quien está empeñado en que nos hagamos semejantes a Él y nos da su vida: Jesucristo dio su vida por nosotros en la Cruz.

En la última cena ya había instituido el medio para aplicar los méritos infinitos de su muerte a cada uno de los cristianos que se sumaran a la Iglesia después de la Pasión. Y, además, como la Eucaristía es sacrificio, pero también presencia real, al quedarse en la hostia consagrada en la misa, reservada en los sagrarios de las iglesias, se queda al lado de todos los hombres de todos los tiempos.

El Señor da comienzo a su vida pública en una fiesta. En las bodas de Caná, a las que también asiste su Madre, y adonde Él acude con sus discípulos. Lo que sucede en Caná, como todo lo que nos cuentan los Evangelios, tiene varias consecuencias importantes. En esta celebración Jesús realiza su primer milagro, por intercesión de María, de paso que santifica el matrimonio y bendice la fiesta de bodas, un caso destacado de fiesta.

En Israel las fiestas de bodas eran acontecimientos muy relevantes, donde la alegría del amor humano estaba estrechamente unida a la bendición de Dios. En un pequeño pueblo de Galilea como Caná, y en el caso de un matrimonio de familias modestas, como probablemente fuera el de las bodas que narra el Evangelio de san Juan, no habría grandes manjares ni regalos costosos, pero sí mucha preparación y mucha unidad familiar. Las fiestas de bodas, incluso las más sencillas, solían durar hasta siete días, se desarrollaban en el patio comunitario de varias familias y eran invitados prácticamente todos los habitantes del pueblo. Tal vez por la condición sencilla de la familia y por la magnanimidad en la invitación a tantos comensales, en las bodas de Caná escaseó el vino.

La Virgen no solo se da cuenta de que a los esposos se les está acabando el vino, con lo humillante que puede llegar a ser decepcionar así a sus invitados, sino que le asigna al hecho toda la importancia social que tiene. Por eso acude a su Hijo para que solucione este problema que otros no alcanzaron a descubrir y que ella encuentra importante. Y lo es para su Hijo quien enseguida de protestar que no ha llegado aún su hora, es dócil a la indicación de la Madre a los siervos: «Haced lo que él os diga», frase que da por descontado que el Señor hará algo maravilloso. No es menor el hecho de que María interceda por primera vez por los hombres en una fiesta y que su intercesión tenga por objeto evitar que se estropee el ambiente festivo.

Jesús realiza el milagro como hará en todos los casos, de manera sobreabundante. Por ejemplo, en la multiplicación de los panes dio de comer a cinco mil hombres, pero luego sobraron panes como para llenar doce canastas. El Señor convirtió las tinajas de agua para la purificación en vino, un vino exquisito. ¡Cuatrocientos litros de vino excelente! El maestresala le dijo al novio: «Todos sirven primero el vino bueno y cuando ya están bebidos, el inferior. Pero tú has guardado el vino bueno hasta ahora». Dios nos tiene preparado el mejor vino para después, ha dicho el papa Francisco.

Jesús no solo inicia su vida pública con este milagro en una boda, a partir del cual los discípulos creyeron en Él, sino que en este vino bueno anticipa el banquete de las bodas del Cordero al que alude el Apocalipsis, el reino de los cielos que vino a predicar, que, al decir de san Marcos, es como una fiesta de bodas que preparó un gran Rey para su Hijo. «Si conoces un vino bueno, ya no quieres el malo», dice Rosini. Si conoces la verdad, la belleza, el amor de Cristo, la mentira, la fealdad y el pecado ya no te pueden engañar con su falsa promesa.

Hacía poco Cristo había descendido a las aguas del Jordán para ser bautizado por Juan Bautista. Al hacerlo se sumerge en todos los pecados de aquellos que pasaron por esas aguas, que representan todos los pecados de todos los hombres de todos los tiempos, como explica Benedicto XVI en su libro *Jesús de Nazaret*. En el Bautismo, Jesús se lava con nuestros pecados, iniciando así el camino que culminará en la cruz, en donde morirá a causa de ellos. En las bodas de Caná transforma el agua en vino, presagiando también el vino de la Nueva Alianza, la sangre que derramará por nosotros, por nuestra redención.

De paso nos quedan esas palabras de la Virgen: «Haced lo que él os diga», las últimas que saldrán de su boca en el Evangelio. Cumplir la voluntad de Dios es participar de la fiesta que Dios pensó para nosotros. Si —como nos dice la Virgen— hacemos lo que Jesús nos dice, se realizará la fiesta. Tendemos a ver la voluntad de Dios como el cumplimiento de un designio inexplicable que va contra todo lo que nos gusta y nos motiva, que más bien intentamos olvidar con la superficialidad de nuestra oración, o aplazar indefinidamente con nuestro activismo. En cambio, la voluntad de Dios es el plan que Dios tiene pensado para nuestra plena realización, que sólo se puede concretar con el consentimiento de nuestra libertad. Ahí nos espera la Gracia, como el vino bueno en la fiesta de la que aceptamos la invitación.

Hay una muy buena película que trata de una fiesta y cuya protagonista tiene algo de María. Se trata de *El festín de Babette*, adaptación de un cuento de Isak Dinesen. La historia tiene lugar en un pueblito costero de Dinamarca, habitado por puritanos rigoristas, hechos al clima frío y a las duras condiciones de vida, en tiempos de la revolución francesa. Llega entonces Babette, huyendo de la comuna de París, quien se aloja en casa de las hijas del pastor del pueblo. Nadie sabe que es una excelente chef y para agradecer la hospitalidad con que fue recibida les organizará a los anfitriones un banquete, con el dinero que ganó en la lotería. Por no ser descorteses los puritanos aceptan el agasajo, pero apuntan a no disfrutarlo.

La exquisita comida y bebida va alegrando el espíritu de esta gente que sospecha que el disfrute es pecado. Pero la fiesta facilita que en sus almas sombrías se produzca una transformación: hay escenas de perdón y declaraciones de amor largamente silenciadas. Como en otras narraciones famosas, comida y bebida se relacionan con el amor. A los postres, un general da un discurso que empieza y termina con la frase de los Salmos: «La misericordia y la verdad se han encontrado. La justicia y la dicha se han besado». Terminan alabando todos a Dios en una danza junto al brocal del pozo del pueblo.

Para la espiritualidad católica no es prueba de virtud pasarlo mal. Las cosas no son más buenas porque cuesten más. Se puede vivir la justicia con felicidad. Esto poco tiene que ver con la idea de darse todos los gustos, de tener muchos caprichos. El trabajo que a uno mejor le sale suele ser el que más le gusta hacer, y ahí hay que buscar la convergencia entre justicia y felicidad, no en huir del trabajo. Todo trabajo incluye momentos de tedio y de cansancio. Pero siempre que sea posible hay que dedicarse a lo que uno ama, porque ese oficio se hará con primor. La rutina y la decepción que comporta el trabajo, no es algo propio del trabajo, sino de la naturaleza herida por el pecado de quienes trabajamos. Pero la mayor parte del tiempo, cuando asignamos un sentido trascendente al trabajo este debe ser como una fiesta también, un ámbito de enriquecimiento propio y ajeno, de producción de bien.

Los filósofos griegos decían que, así como el resultado del conocimiento es la verdad, el fruto de la actividad práctica es el bien. Producir bien es lo que debería acontecer en el trabajo. Para eso el trabajo debe ser hecho con amor, como ofrenda a Dios, con afán de servir. El producto del trabajo procede del amor, sea este material —como lo que se produce en una fábrica o en un taller—, o intelectual —como lo que se produce en una oficina o en un aula—, y el *delivery* del producto es también el amor. «El trabajo nace del amor, manifiesta el amor, se ordena al amor», afirma san Josemaría.

Tanto en el trabajo como en la vida familiar hay personas cansinas, sosas, anodinas. Personas que tienen una copa de menos. Suelo usar esta frase para caracterizar a algunos compañeros y compañeras. Un amigo me dijo que esa era la tesis de otra película danesa. No tardé en verla. Se llama *Duck*, *Otra ronda* en español, y da para el cine debate. Trata de cuatro profesores de un colegio de Copenhague, en la crisis de la mitad de la vida. Están desmotivados y no logran conectar con sus alumnos. Alguno tiene problemas con su mujer e hijos. Y todos sienten que sus vidas se han tornado aburridas. En una cena de cumpleaños, uno de ellos expone la teoría de un psiquiatra de que mantener 0,05 grados de alcohol en sangre nos hace más alegres y creativos. Deciden probar y efectivamente resulta: logran reconectar con sus alumnos y con sus familias. Sobrevienen luego excesos, cuando dejan de cumplir las reglas que ellos mismos se habían impuesto, con consecuencias dramáticas.

La película se arrima al drama terrible del alcoholismo. De hecho, el autor se inspiró en los relatos de su propia hija sobre la actitud irresponsable de los chicos con el alcohol. Lo que a mí me gustó fue la idea de volver a despertar a la propia vida, de introducir un cambio controlado para alegrarla, para no verla languidecer sin hacer nada por evitarlo. También me parece desafiante esta pregunta del autor: ¿la historia de la humanidad hubiera sido la misma sin la existencia del alcohol? Sin duda el cristianismo no, sin el vino, que es «fruto de la vid y del trabajo del hombre», e instrumento y metáfora de la felicidad que Dios quiere brindarnos.

Los libros sapienciales de la Biblia, por ejemplo, revelan que la sabiduría divina después de habernos preparado su mesa nos invita a "comer su pan" y "beber su vino". «Come tu pan con alegría y bebe con corazón alegre tu vino» (Qo 9,7). «Lo mejor para el hombre es comer, beber y alegrarse (...), esta es la paga que Dios le da» (Qo 5,17.1). Los sabios de Israel, dice un biblista, utilizan la experiencia de la comida y la bebida para manifestar la felicidad. La máxima expresión de este símbolo es el banquete: «Todos los días del afligido son malos, pero el de corazón alegre, un banquete continuo» (Pr 15,15).

Entre los evangelistas es Lucas quien presenta más seguido a Jesús enseñando desde la mesa de la comida a la que está invitado. Hay instrucciones de Jesús directamente asociadas a la comida y, además, el comportamiento del Señor en la mesa contiene la enseñanza de compartir la mesa con los pecadores.

El banquete en donde se nos entrega la comida y la bebida necesarias para nutrir el alma es la Santa Misa. Estamos más acostumbrados a relacionar la hostia con el discurso del pan de vida pronunciado por Jesús en Cafarnaúm, cuando revela literalmente «Yo soy el Pan venido del Cielo» y «si uno come de este pan, vivirá para siempre; y el pan que yo le voy a dar, es mi carne por la vida del mundo».

Hemos escuchado que preanuncia la Eucaristía la comida dada a Elías cuando desfallecía al huir de la reina de Samaria que lo perseguía para matarlo, comida que le dio fuerzas para viajar durante cuarenta días y cuarenta noches y llegar al Monte de Dios. Y también el maná que alimenta a los judíos en el desierto prefigura la Comunión. Menos acostumbrados estamos a las imágenes que vinculan la Sangre de Cristo —que se nos entrega en la Eucaristía a la par de su Cuerpo— con el vino, aunque no sean menos abundantes en la Biblia.

Sin embargo, el Señor dice, literalmente: «El que come mi carne y bebe mi sangre, tiene vida eterna, y yo le resucitaré el último día. Porque mi carne es verdadera comida y mi sangre verdadera bebida» (Jn 6, 53). Su sangre es verdadera bebida. En el maravilloso diálogo con la mujer samaritana, en el brocal del pozo de Jacob, el Señor le pide de beber. Es el inicio de una conversación que termina con la conversión de la mujer y su transformación en apóstol. Este cambio se da por medio de la gracia a la que alude Cristo en sus palabras a la mujer, Gracia que es su misma Persona que la interpela.

La Gracia es presentada como un agua viva que produce en quien la toma una fuente que salta hasta la vida eterna. Es curioso que el diálogo empiece pidiendo Jesús de beber. Por un lado, el hecho de que tenga sed real es una prueba de su humanidad, pero también es un modo de entablar conversación con esta alma. «Dios tiene sed de que el hombre tenga sed de Él», afirma el Catecismo de la Iglesia católica. Efectivamente, se nota en el transcurso del diálogo que la mujer tiene sed de Dios. Este encuentro es el encuentro de la sed de Dios con la sed de la criatura, como lo es todo encuentro verdadero con Jesús.

Al final de su vida, en la cruz, una de las últimas palabras de Cristo será, justamente: «Tengo sed». Su cuerpo crucificado arde realmente de sed. Pero en ese momento culminante Dios tiene un anhelo infinito de que nos volvamos a Él, que caigamos en la cuenta de que fuimos redimidos a un precio altísimo, el del amor de Dios, que derramó hasta la última gota de su sangre por nosotros.

Antes, Jesús había exclamado ante la samaritana: «¡Si conocieras el don de Dios!». Afirma Jacques Philippe que la existencia cristiana no consiste en realizar esfuerzos tensos e inquietos, sino en acoger el don de Dios. Efectivamente, el cristianismo no es una religión del esfuerzo, sino de la gracia divina, de la acogida a ese Don gratuito que es el mismo Dios que se nos da, y de la receptividad a todos sus dones.

Los exégetas han visto la Gracia en la sangre y el agua que mana del cuerpo recién muerto de Jesús, cuando un soldado romano le clava una lanza para verificar su muerte. Es que la Gracia es la vida que Cristo entregó por nosotros. De la cruz surge la Gracia. Esta es la Pascua del Señor, su paso de la muerte a la vida, y cada Misa es el memorial de su Pascua, que anima nuestra pascua. Comulgamos el cuerpo y la sangre de Cristo resucitado, vivo.

La misa repite el rito de la última cena por el cual el Señor anticipó su pasión, muerte y resurrección, que sucede en el hoy de Dios. Al repetir esos ritos en la misa, como Él nos mandó, hacemos presente el sacrificio que la última cena anticipó. Mejor dicho, nos conectamos con el hoy de Dios, con la Pascua eterna.

«Tomad y bebed todos de él, porque este es el cáliz de mi sangre, sangre de la alianza nueva y eterna, que será derramada por vosotros», dice la fórmula de la consagración del vino.

Es bueno alimentar nuestra imaginación con estas connotaciones líquidas que también tiene la Gracia que nos llega por los sacramentos, y en particular por la Eucaristía. La Gracia aquieta nuestra sed, nos inunda, nos brinda ese plus de alegría que andamos necesitando. Pidamos, como en el canto: «Sangre de Cristo embriágame».

HOSPITALIDAD

HOGAR

«Y el final de nuestra búsqueda será regresar al lugar del que partimos, para conocerlo por primera vez» (T. S. Eliot). Luego de recibir la invitación para participar de esta fiesta que constituye la vocación cristiana —invitación al banquete celestial, pregustado en el banquete de la eucaristía—, caeremos en la cuenta de que, además de estar invitados, somos invitadores. Somos, incluso, anfitriones provisorios de los demás, convocados a construir un hogar que recuerde a todos la casa de Dios.

Ya hemos participado del banquete, y ahora somos nosotros los que debemos prepararlo para nuestros hermanos. Para ello debemos empezar por construir un hogar para los nuestros, una vez que hemos dejado atrás el hogar de nuestros padres. Un hogar en donde podamos recibir, ser anfitriones. Es la etapa final de nuestro viaje en este pequeño libro.

Los adolescentes tienen el impulso de salir de su casa, donde se sienten ahogados. Es un movimiento de separación de los padres y, en concreto, del padre, sobre quien recae el mandato de vigilar que se cumplan las normas. Se trata de una definición de la propia identidad por contraste, cuando no por contestación, con los valores familiares internalizados pacíficamente hasta hace poco. Esa búsqueda suele ser temporal. Luego se vuelve al hogar paterno a recordar el ambiente fundamentalmente afable, porque se quiere recrear en el nuevo hogar que se busca fundar en esa nueva etapa.

Este salir de la casa del padre para fundar una nueva casa es ley de vida. También lo es tomar inspiración de la casa de los padres y volver permanentemente a ella para ser nuevamente sólo hijo, papel en el que más cómodos nos sentimos. Ser hijo es ser querido completamente, experimentarse receptor del puro don de la vida, ser reconocido como parte imprescindible de una familia, como heredero de un legado precioso.

Pero hoy, con frecuencia, los adolescentes toman distancia definitiva de la casa paterna, ya sea por malas vivencias o por ruptura con los valores familiares, o incluso por franca rebelión con la ley paterna. Y fundan frágiles hogares nuevos sobre malos recuerdos, carencias afectivas, resentimientos encarnizados, heridas sin curar. Tantas veces esos jóvenes han sido víctimas de hogares rotos, de formas invisibles de violencia, de notables ausencias. Y se han encontrado también con una intemperie de valores y de amor genuino fuera de casa. No haber tenido una buena experiencia de la paternidad no releva a nadie de tratar de ser un buen hijo. Siempre seremos antes que nada y después de todo hijos de Dios, de quien procede cualquier otra paternidad (Ef 3,15).

En su *Apología*, Sócrates afirma que una vida que no se examina a sí misma no merece ser vivida. Sin actitud crítica sobre nuestros actos, no podemos mejorar. No podremos hacer bien lo que hemos visto mal hecho. La actitud de examen es propia de una persona madura: la autocrítica es característica de ese pasaje de la adolescencia a la madurez. Sólo se crece cuando se ve por dónde se ha de crecer.

Efectivamente hay una relación estrecha entre la madurez y el conocimiento propio. Todos nos conocemos más bien poco, pero no querer saber quiénes somos y engañarnos a nosotros mismos de manera más o menos consciente son actitudes infantiles. Es propio del inmaduro mantener su opinión taxativa aun cuando tenga serias sospechas de que carece de razón. Prefiere equivocarse sólo que acertar ayudado, y corta de raíz cualquier influjo de los padres o de los que suceden en la función de guiarlo.

El *self made man*, el que atribuye todos sus éxitos a sus propios méritos, y todas sus derrotas a los obstáculos que los demás pusieron en sus proyectos, es una criatura infantil. Con la madurez sobreviene la convicción de que solos no podemos nada. Que si algo bueno logramos en la vida es gracias a la ayuda de Dios y de los demás. Que nos conviene mucho más acertar en el plan que Dios tiene preparado para nosotros que construir nuestro propio proyecto al margen del proyecto de Dios.

El plan de Dios llega siempre mucho más lejos que el nuestro. Se adentra en lo sobrenatural, terreno en el que cada uno de nosotros no puede hacer nada de su parte. Cuando el Señor dice: «Sin mí no podéis hacer nada», se refiere literalmente a que, en el campo de la vida de la gracia, que es la vida de Dios con nosotros, necesitamos su ayuda para dar el menor paso, para recitar la más corta de las oraciones, para hacer la más insignificante de las acciones con alguna resonancia en el cielo. Sin la ayuda de Dios no acertamos ni a pedir lo que nos conviene. «No sabemos orar como debiéramos, pero el Espíritu mismo intercede por nosotros con gemidos indecibles» (Rom 8, 26).

El Espíritu sopla donde quiere, nos toma por sorpresa. De tanto en tanto caemos en la cuenta de nuestras imposturas, de las falsas seguridades que se escondían detrás de la arrogancia de arreglárnoslas solos. Nos escudamos detrás de nuestro proyecto, pero el Espíritu nos hace llegar de parte de Dios esas íntimas reconvenciones. Esas mociones nos llevan a averiguar el porqué de nuestras reacciones airadas frente a comportamientos o palabras del prójimo, la rebeldía frente a las limitaciones que nos imponen las circunstancias concretas de nuestra vida en este momento.

No somos ya el pionero, el reformador, el héroe de nuestras aventuras soñadas. Cuanto antes nos demos cuenta de esto, mejor. Llegó la hora de hacernos preguntas que nos desnuden. ¿Qué es lo que nos humilla, nos enoja, nos descoloca? Hemos de preguntarnos sobre los motivos profundos de nuestras preocupaciones y ansiedades. Tenemos una invitación a encontrarnos con el Espíritu en nuestra vida concreta, pero no acudimos a la cita, atareados como estamos en nuestras fantasías o desasosiegos.

Podríamos partir de no entristecernos al descubrir que estábamos equivocados, que las cosas que hicimos a nuestro modo no salieron lo bien que imaginábamos. Dar el brazo a torcer, no pretender tener siempre la razón, es un comportamiento liberador. Lo contrario es poco realista y nos priva de la alegría de aprender, de seguir avanzando, ahora por la dirección correcta.

Es saludable tomarnos menos en serio a nosotros mismos. Si hemos de fundar un nuevo hogar hemos de dudar de nuestro criterio. Viene bien, en este sentido, recordar las bienaventuranzas de santo Tomás Moro:

Bienaventurados los que saben reírse de sí mismos, porque tendrán diversión para rato.

Bienaventurados los que saben distinguir una montaña de una piedra, porque se evitarán muchos inconvenientes.

Bienaventurados los que saben descansar y dormir sin buscarse excusas, llegarán a ser sabios.

Bienaventurados los que saben escuchar y callar, aprenderán cosas nuevas.

Bienaventurados los que son suficientemente inteligentes como para no tomarse en serio, serán apreciados por quienes los rodean.

Bienaventurados los que están atentos a las necesidades de los demás sin sentirse indispensables, serán fuente de alegría.

Bienaventurados los que saben mirar sabiamente a las cosas pequeñas y tranquilamente a las importantes, llegarán lejos en la vida.

Bienaventurados los que saben apreciar una sonrisa y olvidar un desaire, su camino estará lleno de luz.

Bienaventurados los que saben interpretar benévolamente a los demás, aun en contra de las apariencias, serán tomados por ingenuos, pero éste es el precio de la caridad.

Bienaventurados los que piensan antes de actuar y rezan antes de pensar, evitarán muchas tonterías.

Bienaventurados los que saben reconocer a Dios en todos los hombres, habrán encontrado la verdadera luz y la auténtica sabiduría.

La madurez del corazón que necesitamos para hacernos amos de nuestro hogar consiste en dejarnos moldear por Dios, que nos habla a través de las circunstancias cambiantes de nuestra vida, a través de las solicitudes concretas de quienes nos rodean hoy en día. Llega un momento en que no es posible ya seguir unas reglas de comportamiento adquiridas de chico, no es posible aferrarse a unas pautas externas como principal criterio de conducta, sin pasarlas por la decisión de nuestra propia conciencia. Aquel imperativo categórico de nuestro juicio, al estilo de Kant, puede proponer muchas veces un comportamiento justo, pero que no está basado en el propio querer, en el amor. Es un juicio implacable de la razón sin lugar para la sabiduría del corazón. No alcanza con tener criterios asimilados rígidamente. Nadie se enamora de un código de conducta. Es otra manifestación de inmadurez aferrarse rígidamente a los criterios externos de conducta.

Un profesor de redacción se quejaba de que sus alumnos no sabían usar los signos de puntuación. «Es como si escribieran sus textos sin puntuación y después los espolvoreasen con signos que desparraman sobre el escrito caprichosamente, como si arrojaran sal sobre la comida». De igual manera funcionan las listas de criterios inflexibles sobre el relato de la propia vida. Incluso «hay normas o preceptos eclesiales que pueden haber sido muy eficaces en otras épocas, pero ya no tienen la misma fuerza educativa como cauces de vida», dice el papa Francisco en *Evangelii Gaudium*. Y en otro momento asegura: «Llegamos a ser plenamente humanos cuando somos más que humanos, cuando le permitimos a Dios que nos lleve más allá de nosotros mismos para alcanzar nuestro ser más verdadero».

Nuestra seguridad no puede ya depender de cumplir ciertas normas establecidas, los preceptos del hogar paterno o de otra autoridad equivalente, sino de adherirnos a las inspiraciones del Espíritu. Sólo así empezamos a obrar con libertad y responsabilidad personales, sólo así nos hacemos padres. Mi padre no tenía cincuenta años cuando le avisaron que su hijo de veinte había fallecido en un accidente automovilístico en la carretera, junto con otros cuatro muchachos. Era un viernes por la noche cuando tuvo que recorrer unos cuantos kilómetros para ir a reconocer y recoger el cadáver de su hijo. Más de una vez he imaginado esa escena para intentar comprender lo que significa ser padre.

Hace unos días me encontré a la salida de la parroquia con una exalumna. Me buscó y me dijo que ese encuentro le parecía providencial porque tenía que pedirme un consejo personal sobre una decisión profesional que quería tomar buscando la voluntad de Dios. Yo le recordé que años atrás era ella la que me había dejado pensando con una contestación que me dio en una entrevista. Aquella vez me había pedido una carta de recomendación para realizar una pasantía en Gran Bretaña. Le pregunté si tenía intenciones de quedarse un tiempo allí y me respondió: «Depende de donde Dios me lleve».

No es algo automático adquirir un corazón de padre, de madre. Si queremos progresar en la vida cristiana tenemos que llegar a ese centro de donde proceden las decisiones libres y responsables: a nuestro corazón. Muchos le temen al corazón porque lo consideran repleto de pasiones caprichosas. «El corazón tiene razones que la razón no entiende», ha dicho Blaise Pascal. Es una frase que en Argentina aparece en muchas banderas de hinchas de equipos de fútbol. La frase es cierta, aunque no en el sentido que le da el fanático del fútbol. Hay personas —sobre todo varones— que no saben distinguir sus emociones. Son como analfabetos emocionales. No saben responder a la pregunta: «¿Cómo te sientes?». No pueden asegurar si son felices o no.

Las emociones no son sentimientos caprichosos, tienen un componente cognitivo. Suceden a una idea que se nos cruza por la cabeza. Si pensamos que un ladrón está entrando en nuestra casa, estando nosotros solos en ella por la noche, nos embarga el miedo, aunque sea una idea injustificada porque los ruidos que escuchamos los produjo el viento. El miedo no distingue entre la idea falsa y la idea verdadera. La emoción se expresa en cambios corporales: taquicardia, sudor en las manos, pero la detona una idea que nos formamos sobre una situación. Además, las emociones pueden estar asociadas a un aprendizaje intelectual. Nos acordamos mejor de las situaciones reales o de ficción que nos emocionan. Y, por fin, necesitamos pasar la reacción emocional por nuestro conocimiento para poder gestionarla y aprovecharla de manera saludable.

El miedo es una emoción básica que cumple una función en la evolución de la especie. Si no fuera por el miedo habría muchos más accidentes de tránsito, por ejemplo. Pero el temor también nos puede dominar a partir de un estímulo insignificante o completamente imaginario, y cuando nos gobierna el miedo es como si fuésemos otra persona. No conviene tomar decisiones fundadas en el miedo. Es que el temor nos cambia la forma de interpretar la realidad. En general nuestra soberbia agranda los pequeños olvidos de los demás hacia nosotros, las negligencias de los otros miembros de la familia o de nuestra organización. Cuando vivimos con miedo inventamos historias donde los demás nos acechan, y actuamos en consecuencia. Dejamos de pedir ayuda y, por tanto, de obtener un *feedback* que nos ayudaría a tener pensamientos más equilibrados.

Incluso podemos intentar sobreponernos al miedo siendo nosotros quienes inconscientemente lo infundimos. Como puntualizan los libros de *management*, el temor a ser excluido nos puede llevar a crear grupos donde excluir a otros (los que creemos que están tramando algo en contra). Al temor a la crítica y a ser juzgados injustamente contraponemos la crítica a los demás. Frente al temor a perder poder o relevancia puede que intimidemos a los que están bajo nuestra órbita.

A fuerza de no asomarnos al corazón ignoramos lo que hay dentro de él. Confundimos las emociones porque no estamos equipados con un lenguaje suficientemente versátil para distinguirlas. ¿Lo que siento por esa persona es admiración o envidia? Son emociones bien distintas en sus intenciones: la admiración es emoción positiva que deberíamos fomentar respecto de familiares, amigos y colegas. La envidia, en cambio, es una emoción negativa que envenena nuestro corazón. ¿Estás enojado con tu novia o con tu novio, o sólo preocupado por algo de su comportamiento que no terminas de comprender? Conviene hilar fino en materia de emociones. Observar las propias y las ajenas. La comprensión de nuestras emociones nos ayuda a comprender las de los demás y viceversa.

Nos molestan los defectos ajenos porque nos recuerdan a los propios. En varias ocasiones el Señor nos invita a ser comprensivos con los defectos de los demás, por insidiosos que parezcan. Lo hace, por ejemplo, en la parábola del trigo y la cizaña: el dueño del campo les indica a los obreros que no deben arrancar la cizaña que ahoga el sembrado. Es decir, hemos de tener paciencia de los errores, sin apresurarnos a arrancarlos agresivamente, con el riesgo de dañar al mismo tiempo el buen trigo. El bien hecho con mal espíritu es parte del mal. El bien hecho por coacción ya no es bien sino una forma del mal. Debemos tener tolerancia con la coexistencia del bien y del mal, porque es parte de la humana naturaleza, de la historia entera de la humanidad, que es la historia de la libertad. En nuestro corazón conviven también el trigo y la cizaña.

A veces nos quejamos de la falta de comprensión de los más cercanos. Puede que sea así, pero convengamos que, a veces, somos difíciles de descifrar. Hay personas que deberían venir con instrucciones de uso, se enojan con los detalles de cariño que tenemos con ellos. A nuestra incapacidad para nombrar las emociones que nos gobiernan debemos sumar la incapacidad para expresarlas con claridad. Creemos que somos transparentes, pero expresamos las emociones de manera opaca. La gente más fácil de juzgar suele ser la que está más adaptada: más satisfecha con su vida personal y profesional, con relaciones más duraderas y positivas y propósitos más claros.

Ahora bien, la virtud en la familia cristiana no es lo mismo que las habilidades relacionales, aunque estas ayuden y en ellas se pueda progresar mucho. La santidad no es cuestión de mérito. ¿Qué necesidad tendría Dios de él? El terreno de lo sobrenatural no es el del mérito sino el de la Gracia, de la recepción del don gratuito. Es cuestión de mejorar el corazón: hacerlo más amable, más humilde, más generoso. Necesitamos esa acogida de los demás. Los demás necesitan esa acogida de nosotros. Todos necesitamos de un hogar. Un lugar donde cese la batalla de los hombres, un remanso de las corrientes aceleradas que nos arrastran, un lugar donde nos miren como nuestra madre, con mirada que no juzgue sino que absuelva.

Verifico año a año que el tema de la identidad es el que más inquieta a mis alumnos. Padecen un desasosiego por la forma en que su propia personalidad está moldeada desde afuera: por la necesidad de ser aceptado, por la búsqueda de reconocimiento a su imagen en las redes sociales. Al mismo tiempo sintonizan con los autores que alertan sobre los riesgos que la sobrecarga de estímulos virtuales y el *multitasking* producen sobre su núcleo personal, que descubren tantas veces disperso, fragmentado, superficial. Aceptan tácitamente discursos sobre los cuales no se han detenido a pensar, pero que se exigen para pertenecer a su grupo.

Muchas veces se notan volcados hacia afuera, distraídos, con dificultades para concentrarse, para profundizar, desertando del encuentro con ellos mismos. En fuga. Como dijo el sociólogo Peter Berger hace años, son *homeless mind*. Quizás los profesores, los mentores, todos los que nos vinculamos con los jóvenes desde una posición de guía (sacerdotes, acompañantes espirituales, líderes de grupos), más allá de sus padres, tenemos que ofrecerles un hogar o la continuidad del hogar.

La primera condición para ello es que los jóvenes se sientan acogidos. No se sienten bienvenidos si advierten rechazo en bloque a su cultura generacional, que incluye una nueva sensibilidad por el medio ambiente y los animales, la celebración de la diversidad, una preocupación inédita por la alimentación, la inmersión en su ecosistema tecnológico, etc.

Como afirma Jacques Derrida, el anfitrión es interpelado por el huésped, quien le obliga a volver sobre los propios criterios desde su mirada extranjera. No deberíamos ofendernos por su incomprensión o desinterés, sino cuestionar las formas que usamos para acercarnos. Para ayudarlos a detenerse, primero tenemos que detenernos frente a ellos. No tienen tantas oportunidades de encontrarse con adultos coherentes que les escuchen y tengan algo para aportarles. "Hogar" es el lugar donde queremos detenernos.

Al mismo tiempo, los jóvenes buscan algunas certezas, anclas para sus vidas fluidas y dirigidas desde afuera. Buscan verdades que puedan asumir en primera persona, que guardan relación con su proyecto de vida, que aportan sentido. Los chicos y las chicas sólo sienten relevantes los contenidos de las clases o las charlas cuando sienten que tienen que ver con sus vidas, cuando los profesores o guías no se distraen demasiado en disputas de escuela filosóficas o teológicas o cuando no presentan la moral o la doctrina como cuestiones abstractas. Nada más interesante que el amor y el dolor, el cuerpo y sus límites, las dudas y la verdad.

Al hacerlo se puede presentar la doctrina cristiana como algo contracultural, distinto del catecismo que recibieron —quizás a pesar de ellos— en el colegio. Como otra respuesta posible, superadora, a las inquietudes que les aquejan. Es necesario volver a mostrar la diferencia específica, el aporte fundamental que Jesús trajo al mundo, que explica al hombre del siglo XXI, que ofrece el mejor guion para una vida, cualquiera que sea su circunstancia. Se trata de instancias de primer anuncio, de reencuentro con el *kerygma*, del núcleo de la fe: presentar de nuevo a ese Cristo que murió y resucitó por nuestra salvación. Hay que hacer un esfuerzo grande para pensar la forma, la narrativa de esas clases, charlas o conversaciones. El formato es el de la invitación.

Estamos buscando un saber que se internalice en mejora del modo de ser. Lo primero es detenernos, y ayudar a los jóvenes a detenerse. Alguien acelerado y desasosegado es improbable que acierte en las decisiones que impactan en los demás. Acerca del uso que los adolescentes hacen del celular, una experta afirma que los chicos expresan sus emociones en las redes sociales antes de elaborarlas en su interior. No tienen la serenidad para eso. «Un corazón habitado por la inquietud y la preocupación no se encuentra disponible para nadie, y es incapaz de hacer de cada encuentro un momento de verdadera comunión del que el corazón salga contento», dice Jacques Philippe.

«Y el final de nuestra búsqueda será regresar al lugar del que partimos, para conocerlo por primera vez». El punto final de nuestro camino es regresar al hogar. Esto es así para los jóvenes, *homeless* en fuga, que podrán regresar a donde nunca estuvieron conscientemente, pero también para los adultos que los forman.

Para crear o recrear un hogar es necesario celebrar, crear momentos memorables. No se trata de grandes fiestas sino de pequeñas ceremonias diarias. El desayuno antes de ir a la universidad, la cena en la que se repasa la jornada, las frecuentes llamadas telefónicas a la abuela, el encuentro semanal con un pequeño grupo de amigos. Esa conexión con los demás, ese profundo sentido de pertenencia es lo que llamamos "hogar".

Esos rituales no decaen en rutinas cuando se hacen con el corazón. En la religión católica, cada misa, cada rezo del rosario, cada rato de oración es algo nuevo, porque siempre da más de sí, siempre aporta nuevos sentidos. La rutina automatiza los actos, en cambio los rituales siguen aportando una intensidad distinta a las otras actividades del día. Nosotros no somos los mismos de un día para otro, ni es el mismo el mundo que nos rodea.

Los rituales, dice Han, se pueden definir como técnicas simbólicas de instalación en un hogar. Transforman el "estar en el mundo" en un "estar en casa". Hacen del mundo un lugar fiable. Son en el tiempo lo que una vivienda es en el espacio: hacen habitable el tiempo. Las ceremonias protegen el alma de la intemperie de la soledad y del caos exterior. Protegen como una casa. Son como las paredes de la casa, los muebles que reconocemos, los adornos tan queridos: estabilizadores que aportan seguridad.

Las ceremonias familiares requieren de nosotros un detenernos en casa. Un parar un poco. Para poder dar tiempo a los demás, hay que tenerlo. La virtud de la sabia administración del tiempo se llama paciencia. En el fondo, la paciencia surge de detenernos a considerar con frecuencia la paciencia de Dios. Dios es paciente porque tiene todo el tiempo. «La paciencia de Dios es su eternidad», afirma Rosini. La paciencia nos permite esperar a que Dios intervenga, según su tiempo y su modo, que es lo más real de todo. Seremos pacientes con el prójimo si tenemos presente la paciencia de Dios con nosotros.

El prójimo, el más cercano, es un ser inoportuno, por eso la convivencia requiere de paciencia. Marido y mujer tienen ritmos distintos. Quizás él tenga que esperarla a ella cuando se prepara para una salida y ella tenga que esperar que él se decida de una vez a hacer el arreglo que le pidió hace días. Los hermanos habitan tiempos distintos: lo que es rápido para uno quizás sea lento para otro. Los hijos no enferman justo el día en que los padres tenían planeado que se pusieran enfermos. Nuestros amigos nos piden conversar sobre un problema personal la noche en que queríamos irnos a dormir temprano porque las noches anteriores dormimos poco. Los pedidos de los demás, cuando no las impertinencias, las molestias, interrumpen el plan que nos habíamos trazado, nuestro proyecto. Pero, como vimos, no necesariamente nuestro proyecto es el proyecto de Dios. Las personas que llegan a nosotros con requerimientos inoportunos nos ayudan a ver el plan de Dios. «Se trata de trasformar a las personas molestas en emisarios de Dios», dice Rosini.

De modo que en el hogar es donde se aprende a amar, que es lo mismo que decir que se aprende a vivir, porque vivimos para aprender a amar. Si esto no se recibe en el hogar paterno debe procurarse en los hogares adoptivos, cuando cada uno y cada una se aleja de la casa de sus padres para seguir su propio camino, y debe formar su propia familia, pero también cuando es soltero o soltera e integra alguna comunidad.

La estabilidad que nos aporta el hogar es la estabilidad del amor: los rituales del amor. El amor es estable, más allá de las rencillas y de los distanciamientos temporales. Lo característico del amor es contar con que la otra persona va a seguir estando allí. Formar un hogar es tanto como hacer comprender a los demás que uno va a estar cuando haga falta. «¿Quién es el siervo fiel y prudente a quien su señor ha dejado encargado de los sirvientes para darles la comida a su debido tiempo? Dichoso el siervo cuando su señor, al regresar, lo encuentra cumpliendo con su deber. Os aseguro que lo pondrá a cargo de todos sus bienes». En un pasaje paralelo del Evangelio, el Señor promete que al siervo que encuentre velando cuando regrese por la noche, Él mismo le servirá la mesa.

El hogar que queremos construir es una parte del hogar del cielo, de la casa de Dios que es la Iglesia triunfante, el templo de la Jerusalén celestial. Cristo nació de la Santísima Virgen y creció en la casa de María y José en Nazaret. La sagrada familia es una expresión humana de la familia que conforman Dios Padre, Hijo y Espíritu Santo en la Santísima Trinidad: Dios es familia.

Dios es Padre no porque se parezca a mi padre, sino porque me quiere más que todos los padres buenos de la tierra pueden querer a sus hijos. Aunque nuestro padre no hubiera sido bueno, Dios no dejaría de ser Padre. Que sea Padre, Hijo y Amor no es una analogía. No llegamos a Dios a partir del conocimiento de lo que es un padre o un hijo o el amor, sino al revés. Un padre bueno, un buen hijo es una sombra tenue, un pálido reflejo de Dios.

Sin embargo, la experiencia de la filiación y la paternidad (¡y la maternidad!) es una revelación del modo de ser de Dios. Más de un padre y una madre primerizos me han contado la revolución espiritual que significó para ellos la llegada del primer hijo o la primera hija. Un gran amigo, naturalmente religioso, pero no cristiano, me decía que la experiencia del amor que siente por sus hijos y el amor que recibe de ellos es la experiencia de Dios.

Distancia de rescate se titula una novela fantástica de la escritora argentina Samanta Schweblin, que tiene por protagonista a una madre cuya hija pequeña enferma gravemente. El título de la novela procede del concepto que tiene la protagonista de la distancia que la separa de su hija, calculada por el tiempo que tardaría en correr hacia ella para salvarla en caso de peligro inminente. Por ejemplo, no podría alejarse de su hija más que la distancia que tardaría para sacarla del agua si cayera en la piscina cerca de donde está jugando.

Justo debajo del balcón de mi casa, en un cuarto piso, hay una plaza con unos juegos muy bien diseñados, que atraen a los niños del barrio. Me gusta asomarme para mirarlos jugar, y sobre todo mirar a las madres y padres que los acompañan. Más que nada ellas tienen una actitud a la vez relajada y divertida y de suma atención a los movimientos de sus pequeños, no vaya a ser que se caigan de alguno de los juegos y se lastimen. Para mí es una imagen muy gráfica de las madres.

Es la actitud que tiene Dios respecto de nosotros. Nos deja libres, permite que nos empeñemos en avanzar por caminos arriesgados, pero su providencia paternal está siempre atenta, a una distancia de rescate. La conciencia de la filiación divina, la mentalidad de ser hijo de Dios es la fuente de seguridad, de alegría y de paz sostenida. Dios es Padre y es madre, el amor de la madre refleja el amor de Dios. Y mucho más aún. «¿Puede una madre olvidar a su niño de pecho y dejar de amar al hijo que ha dado a luz? Aun cuando ella lo olvidara, ¡yo no te olvidaré!» (Isaías 49, 15).

Los padres no pueden irse a dormir tranquilos si sus hijos están gravemente enfermos o atraviesan un problema importante. No pueden concentrarse en su trabajo si están peleados con alguno de ellos. Esto es un indicio del amor de Dios: el amor de Dios es el amor con el que hay que comparar cualquier otro amor. Muchos, sin ser padres, tienen la experiencia igualmente gozosa de la paternidad espiritual: sacerdotes, docentes, guías. Y todos tenemos la experiencia de la filiación.

«Ningún ser humano puede no ser hijo —sostiene el psicólogo Racalcati—. Esto significa que no hay vida humana que sea base de sí misma (...). El estado de indefensión y de abandono con el que el hijo llega al mundo muestra claramente esa condición de deuda y de dependencia fundamental que se haya en el origen de la vida». Quien funda o anima un hogar debe ser muy consciente de esta deuda que arrastra con el hogar paterno, esa deuda de amor con nuestro Padre Dios que nos trajo a la existencia y nos conserva en ella por amor.

El *self made man*, el padre de sí mismo, el que no le debe nada a nadie, es un ser insoportable, que siente que tiene derecho a todo y termina suplicando que se ocupen de él a todos aquellos a los que despreció. Su fachada de autosuficiencia disfraza ese pedido angustiado de atención ajena, ya que no reconoce la atención permanente de la que es objeto de parte de Dios. Su vanidad da vergüenza ajena, y a la larga aleja a las personas que busca fascinar. Al mendigar el elogio, la alabanza, la estima del prójimo, es como si exigiera un regalo. ¿Cómo puede alegrarse con una felicitación impuesta? Es como si los aduladores fueran ventrílocuos de sus propios elogios, de la gran consideración que tiene de sí mismos.

El narcisismo esconde falta de estima en otro nivel. Cuando la admiración se exige, no puede aportar seguridad. La aprobación que buscamos es la del amor, y el amor que necesitamos es justamente el resultado de sabernos indefensos, dependientes. Eso suscita amor y no autosuficiencia.

Los orgullosos suelen exigir que los demás se den cuenta de sus necesidades y, a la vez, ningún favor les parece suficiente. Confunden un pedido con una exigencia y, más retorcidamente, pueden no formular con claridad el pedido porque les parece que el otro debería darse cuenta de su necesidad. Y cuando el favor —que no ha sido explicitado— tarda en llegar, se ofenden. No entienden lo que es la invitación.

No comprenden que en el hogar todos tenemos necesidad de todos, que sólo apreciamos las atenciones de los demás hacia nosotros cuando estamos pendientes de los demás. Ninguno es extraordinario o todos lo somos. Ningún hermano es más que otro. Cuando estamos centrados en nosotros mismos no sólo agigantamos nuestras preocupaciones personales de manera egoísta, sino que dejamos de advertir los detalles que los demás tienen con nosotros.

Así lo explica Cantalamessa: «En la vida, quiere decir Jesús, elige el último lugar, intenta hacer felices a los demás más que a ti mismo; sé modesto al valorar tus méritos, deja que sean los demás los que los reconozcan, no tú ("nadie es buen juez en su propia causa"), y ya desde esta vida Dios te exaltará. Te exaltará en su gracia, te hará subir en la lista de sus amigos y de los verdaderos discípulos de su Hijo, que es lo único que verdaderamente cuenta.

»Te exaltará también en la estima de los demás. Es un hecho sorprendente, pero cierto. No es sólo Dios quien "se inclina hacia el humilde, pero al soberbio le conoce desde lejos" (Sal 137,6); el hombre hace lo mismo, independientemente del hecho de que sea más o menos creyente. La modestia, cuando es sincera y no afectada, conquista, hace a la persona amada, su compañía deseada, su opinión apreciada. La verdadera gloria huye de quien la persigue y persigue a quien la huye».

Todos tenemos una sana preocupación por nuestra reputación. Pero la reputación —como la confianza— no es algo que podamos imponer, es algo que debemos inspirar. No tiene prestigio profesional quien habla bien de sí mismo, sino quien es elogiado por sus colegas y recomendado por quienes se han valido de sus servicios. Pero para un cristiano, el prestigio, la reputación no son un fin en sí mismos. Son un modo de hacerle publicidad a Cristo, de animar a otros a seguirle. Lo importante no es nuestra imagen, es que los demás puedan descubrir a Cristo a través de ella. Llegar a ser remotos e imperfectos iconos de Dios. Lo que en nuestro actuar de cristianos no revele a Cristo será presunción, vanidad de vanidades.

Damos testimonio de lo que hemos recibido. «Dad gratuitamente lo que gratuitamente recibisteis», nos manda el Señor. Si no tuviéramos nada no podríamos dar, pero tenemos el don de Dios. Y la vida cristiana es un progresivo convertirnos en ese don.

Estar contento es también estar contenido y contener a los demás. Eso es lo que sucede con el hogar: nos contiene. El hogar, entonces, no está hecho de los ladrillos de las paredes de la casa sino de los hábitos amorosos, de los rituales significativos.

Rituales son las fiestas, las celebraciones de los logros, las comidas familiares, la recepción de las visitas, las charlas de amigos. Rituales son las oraciones en común, la bendición de la mesa, el rosario, la intercesión de unos por otros. Rituales son los favores, los regalos, los préstamos. Acompañar, pedir perdón, agradecer, son rituales hechos de palabras.

El poeta Malebranche decía que la atención es la oración natural del alma. Para que los gestos y las palabras cotidianas no caigan en la rutina, es preciso poner de nuestra parte la intención. Estar atento a lo que sobreviene, a lo que podemos ofrecerle a los demás en cada incidente, es ya un modo de orar. Esta predisposición hace de nuestra casa un templo.

El ritual, sin embargo, se puede prestar a confusión. También los obsesivos, las personas demasiado estructuradas, repiten actos como rituales, aunque carentes de sentido y de amor. En su novela *El perjurio de la nieve*, el escritor argentino Adolfo Bioy Casares narra la historia de un padre que no quería que sus hijas sufrieran con los cambios que sobrevienen con el paso del tiempo. Para ello, cerró su casona al exterior, fijó todo como estaba, tratando de detener los estragos de los días. Principio anti-vital por definición es la repetición de costumbres ancestrales que ya perdieron vigencia, la idea de que todo tiempo pasado fue mejor, que hay que seguir haciendo las cosas como se venían haciendo "porque siempre se hicieron así".

Hay personas de actitud conservadora, que sólo conocen las canciones, las películas, los hechos de su época. Se visten como hace veinte años, tiene el mismo peluquero desde hace treinta. Viven instalados en los recuerdos, idealizando pasados. «Señor Pereira deje ya de frecuentar el pasado, frecuente el futuro», le dice el médico que estimula el cambio de este entrañable personaje de la novela de Antonio Tabucchi, *Sostiene Pereira*, un periodista gris y miedoso que llega a transformarse en héroe. «Usted necesita elaborar el luto, necesita decir adiós a su vida pasada, necesita vivir en el presente». El nostálgico del pasado nunca logra elaborar el luto de lo que fue.

Detrás de esa actitud conservadora se esconde el temor al cambio, porque se ve en todo cambio un peligro. Es verdad, el miedo es una reacción natural frente al cambio, que implica dejar lo conocido para aventurarse en lo desconocido: la ansiedad acompaña a las mudanzas, los viajes, los nuevos empleos, y —sobre todo— a los cambios de idea. Solemos asociar el cambio con la pérdida de lo anterior, pérdida de seguridad, de posesión, de control. Pero el cambio es connatural a la vida, basta mirarnos a nosotros mismos veinte años atrás. Hay cambios que son necesarios y positivos, y no requieren tocar nada de lo fundamental, que para un cristiano es el contenido del mensaje de Jesús.

Es propio de la persona madura saber qué debe cambiar de lo periférico para proteger mejor el núcleo.

Una actitud poco madura es querer cambiar todo y, en cambio, resistirse a cambiar personalmente. Un consultor decía sobre las empresas que todos quieren el cambio, pero nadie quiere cambiar. Otro tanto se puede decir de los reformadores absolutistas, de los que piden el cambio en todo, el cambio por el cambio. Son los cristianos que quieren hacer del mensaje de Jesús algo tan aceptable para la sociedad secularizada que ni el mismo Jesús lo reconocería como propio. Y se mantienen firmes en sus ideas fijas, en su carácter adusto, en sus modos fuertes, en su orgullo.

Mientras vamos decidiendo qué debemos flexibilizar de las normas de convivencia, en qué debemos adaptar las costumbres de la casa, en qué nos manda cambiar el sentido común, podemos intentar cambiar nosotros, hacer bien lo que pensamos que hicieron mal nuestros predecesores, hacerlo sobre todo con más amor. ¿Y cuál es el cambio que los demás necesitan de nosotros? Una nueva conversión a la alegría.

Ágape

Dentro de las múltiples tareas que ocupan nuestros días, hay actividades que son un fin en sí mismas. Según Aristóteles, en ellas el fin y la acción van a la par. Cuando estoy dando clases no estoy más que dando clases: el fin se alcanza en la ejecución de la actividad. Son actividades que tienen propósito, pero no una utilidad inmediata más allá de ellas, por eso Aristóteles las llama acciones atélicas (sin un fin pragmático inmediato). Tocar un instrumento musical, dar un paseo con la madre, acompañar a un hijo enfermo, practicar un deporte suelen ser actividades atélicas. Lo recuerda Kieran Setija en un interesante libro sobre la mitad de la vida, que deja, sin embargo, una sensación de insuficiencia al carecer de una perspectiva de fe.

Las actividades que son un fin en sí mismas se llevan a cabo completamente en el presente. En ellas, más que en ninguna, hay que meditar sobre el proceso. La meta es el camino, se podría decir. Estas tareas se parecen a la fiesta, son una finalidad sin fin, como decía Kant que era el arte. Son lo contrario de las actividades que responden a un propósito práctico que va más allá de ellas. El activismo en el terreno profesional nos pone en una carrera ansiosa detrás de los éxitos. Setija asegura, con razón, que existe un vacío en la secuencia de logros que no se llena prolongando la búsqueda de nuevos objetivos. Y alerta: «Tú no eres aquello que planeas completar». La presión por producir a la que estamos sometidos en el trabajo destruye el espacio para otro tipo de acciones que no buscan un logro material, acciones como jugar o contar cuentos: fiestas.

Me gusta poner como ejemplo de estas acciones atélicas la escritura. Mientras escribo *Invitados a un banquete*, crezco. Escribir es concomitante con aprender, con conocer, con conocerse. Todo libro contiene una persona plegada dentro. El mandato de ser auténtico, de llegar a fondo que se le impone a todo escritor, es más radical cuando se intenta escribir un libro de espiritualidad como este. Se habla de la escritura como sanadora y como sapiencial. Recomiendo escribir para combatir la ansiedad y el aburrimiento. Para aclararse. Hay ideas que toman una forma más nítida con la escritura. San Agustín en *Las confesiones* o santa Teresita de Lisieux en *Historia de un alma* completan su conversión y su maduración espiritual en la medida en que escriben sobre ellas.

Suelo recomendarle a quienes les dirijo la tesis que escriban el libro que les gustaría leer. Pienso que es una buena analogía para la vida cristiana. Aunque no se vuelque en papel nuestro comportamiento podría expresar una narración deseada, la vida de un santo o de una santa. En la oración confeccionamos la trama de esa vida, que no es otra que la vida de Cristo actualizada en las propias circunstancias vitales. Cada episodio de esa historia puede ser una acción atélica, un fin en sí mismo.

La complejidad que tienen estas actividades atélicas es que debemos entregarnos del todo a ellas, aquí y ahora. Soltar la meta cuantificable. Fundirse con el proceso. Cuando mi sobrino mayor era pequeño le presté el móvil para que jugara con un juego que consistía en embocar unas bolitas en unos huecos virtuales, moviendo la pantalla para eludir los obstáculos. Un típico jueguito que requiere de sincronización entre la vista y el tacto (algo para lo cual los chicos están mucho mejor dotados que los grandes) y buenas dosis de concentración y paciencia. En un momento le escuché decirse en voz baja: «Yo soy la bola». Era la manera que tenía de meterse dentro del dispositivo para compenetrarse con el objetivo del juego.

Dicen que la lectura que más nos enriquece, nos descansa y enseña es aquella que hacemos por placer, no para cumplir con ninguna tarea, ni para hacer nada con lo leído. Sacamos cosas de los libros cuando nos metemos realmente dentro de ellos.

De este tipo de acciones con un sentido propio es la dedicación amorosa del cristiano a sus tareas cotidianas, una detrás de otra, haciendo cada una con primor, como si fuese un fin en sí misma. Con el aditamento de que cada una de esas acciones deja de ser sólo un espacio de fruición y crecimiento personal, sin dejar de serlo. Es que también las tareas así realizadas salen mejor, y podremos entregarles algo más acabado a los demás. Es lo que le sucede a los artistas y a los atletas. El trabajo, las tareas del hogar, los emprendimientos, son momentos que pueden estar cargados de sentido y convertirse en rituales, en oración.

Lo que impide nuestra entrega al momento presente, a la próxima tarea, al deber de cada instante es la inquietud por todo lo que rodea a esa actividad. Lo que pasó antes y lo que sobrevendrá después, lo que está pasando ahora mismo en otro lugar. La tendencia a la dispersión viene abonada por la sobrecarga de estímulos, de información, de distracciones que nos amenaza persistentemente desde los medios o las redes sociales, al alcance de un toque de la pantalla del móvil que tenemos siempre con nosotros. La trepidación que deja en nuestra cabeza y en nuestro corazón el andar de acá para allá, a la carrera, sin sosiego.

«Lo mismo que necesitamos el día para trabajar, hacer actividades, orar, celebrar, y la noche para dormir, y necesitamos las cuatro estaciones con sus diferencias climáticas, igualmente necesitamos tener al lado del trabajo fastidioso de todos los días, las alegrías de la fiesta, del día del *sabbat*. El corazón humano necesita algo más de los límites y de las frustraciones de lo cotidiano. Está sediento de una felicidad que parece inaccesible en la tierra; tiende hacia lo infinito, lo universal, lo eterno, algo que de sentido a la vida humana y a este cotidiano fastidioso. La fiesta es como una señal de este más allá que es el cielo. Es el símbolo de aquello a lo que aspira la humanidad: una experiencia gloriosa de comunión total», afirma Jean Vanier en *La comunidad, lugar del perdón y de la fiesta*. El descanso forma parte de las actividades cotidianas plenas. No se encuentra descanso en la ausencia de sentido: es una recarga de sentido.

Hay muchos banquetes en el Evangelio. Hemos mencionado ya los que abren y cierran la vida pública de Jesús: las bodas de Caná (Jn 2,1) y la Última Cena (Mt 26, 17; Jn 13). Además aludimos a la fiesta de la conversión contenida en las parábolas de la misericordia (Lc 15). El Señor, dijimos, participa de muchas recepciones: en Betania, con ocasión de ser ungido por María con perfume en sus pies, elogia esta efusión de amor, contraponiéndola a la falta de generosidad del huésped que lo aloja (Mc 14, 3; Jn 12, 1). También lo agasajan Mateo, el publicano, después de ser llamado por Jesús (Mc 2, 13; Lc 5, 20), y otro publicano convertido, Zaqueo, a cuya casa se invita el propio Jesús (Lc 19, 1). Es recibido con frecuencia por Marta, María y Lázaro, sus amigos, en Betania. En la parábola de Epulón condena al rico por no ser hospitalario con el pobre Lázaro (Lc 16, 19), y en la parábola de las vírgenes necias a quienes no tuvieron la precaución de cargar con suficiente aceite sus lámparas para estar preparadas para cuando llegara el esposo y entrara en la fiesta. Otras veces Cristo es el anfitrión, es quien nos da de comer, tal como lo hace realmente en la multiplicación de los panes (14, 19). Es más, Él es el Pan de Vida (Jn 6, 26), el alimento que se nos ofrece en su banquete. El banquete de la última cena, de la Eucaristía, que contiene toda la redención, es figura y preparación del banquete celestial.

123

El banquete es la imagen preferida por Jesús para representar el Reino de los cielos, que es el contenido central de su predicación. En la Cena promete a sus discípulos: «Yo os preparo un Reino igual que me lo ha preparado mi Padre, para que comáis y bebáis en mi mesa en mi Reino» (Lc 22,29). Seguramente la parábola que desarrolla más largamente esta idea es la de los invitados de las bodas del hijo del Rey: «Se parece el Reino de los cielos a un rey que preparó las bodas de su hijo» (Mt 22,2).

Lo interesante de esta parábola es la insistencia de Dios en querer que todos participen de su fiesta. Cuando los primeros invitados desestimaron la invitación «de nuevo envió otros siervos, diciendo: Decid a los que han sido invitados: "Ved, ya he preparado mi banquete; he matado mis novillos y animales cebados, y todo está aparejado; venid a las bodas". Pero ellos no hicieron caso y se fueron: uno a su campo, otro a sus negocios».

Respecto de estos primeros invitados —quienes «echando mano a los siervos, los maltrataron y los mataron», que significan al pueblo judío, pero también a todo cristiano que, consciente de la llamada de la fe, la desoye y maltrata a los mensajeros de Dios—, la parábola adquiere un tono dramático, al estilo de algunos relatos del Antiguo Testamento.

Los que recibieron la fe y la doctrina desde niños, que tuvieron los bienes materiales y espirituales siempre al alcance de la mano, son más responsables que los invitados desde círculos más alejados. «Luego dijo a sus siervos: "La boda está preparada, pero los que fueron invitados no eran dignos. Id, por tanto, a las salidas de los caminos, e invitad a las bodas a cuantos encontréis".

Y aquellos siervos salieron por los caminos, y reunieron a todos los que encontraron, tanto malos como buenos; y el salón de bodas se llenó de comensales».

Esta parábola contiene dos claras enseñanzas. La universalidad del llamado: todo hombre, cercano o alejado, bueno y malo, está invitado. Jesús pronuncia esta parábola cuando la oposición de los fariseos arrecia. Ellos consideran que el reino de los cielos está reservado para unos elegidos, cumplidores estrictos de la ley, con reputación de puros delante de los hombres, por eso juzgan con dureza a los pecadores, de quienes se alejan para no contaminarse. Esta actitud reaparece muchas veces en la historia de la Iglesia en forma de herejías —los cátaros o los albigenses, las doctrinas pelagianas o jansenistas, los diversos rigorismos—, que separan el mundo entre puros e impuros. Caemos en esta actitud cada vez que delimitamos el círculo de los pecadores y nos ubicamos fuera de él.

La segunda enseñanza es la de la libertad en la respuesta a la invitación. Hay otra parábola que describe muy bien esta segunda idea: la parábola del sembrador. En ella se dice que este disemina generosamente la semilla, que cae en diversas superficies y con diversos resultados. La siembra es generosa, quiere alcanzar todos los suelos. Es la misma semilla que cae fuera del camino, entre pedregullo o en tierra fértil. El fruto, en cambio, es completamente distinto. «La del sembrador es una parábola acerca de las parábolas», afirma John Peters en *Hablar al aire*, un libro de comunicación. «La parábola del sembrador celebra la diseminación como un modo equitativo de comunicar que deja la cosecha del significado a la voluntad y la capacidad del destinatario». Darse por enterado, sentirse interpelado por el mensaje, es cuestión de cada cual. El que tiene oídos para oír, que oiga.

Jesús es dispendioso en su prédica, en su amor. Sus parábolas contradicen cualquier cálculo: le paga lo mismo a quien trabajó todo el día que a quien trabajó una hora, pone en riesgo a noventa y nueve ovejas para recuperar una. La recepción que el padre hace del hijo pródigo no tiene ninguna proporcionalidad con la desconsideración de este hijo hacia él. «Parte de lo que significa ser un padre, pastor o cabeza de familia es saber cuándo ir más allá de la racionalidad, de la reciprocidad o la justicia; en pocas palabras, saber cuándo el amor triunfa sobre la justicia», concluye Peters.

Podemos pensar que nosotros somos de ese grupo no selecto o de "segunda selección", de aquellos que no fueron invitados la primera vez sino la segunda o la tercera. Pero tampoco nosotros, invitados tardíos por imperfectos, rebeldes, inconstantes, estamos librados de ir preparados a la fiesta (como no se excusa a las vírgenes por ser necias). «Pero cuando el rey entró a ver a los comensales, vio allí a uno que no estaba vestido con traje de boda, y le dijo: "Amigo, ¿cómo entraste aquí sin traje de boda?". Y él enmudeció. Entonces el rey dijo a los sirvientes: "Atadle las manos y los pies, y echadlo a las tinieblas de afuera; allí será el llanto y el crujir de dientes"».

Lo más importante de esta parábola, como le gusta recalcar al papa Francisco, es que el Señor invita —muchas veces por nuestra mediación— a todos. A todos. Para imitar el corazón de Dios, nuestro corazón debe expandirse, no puede excluir a nadie. Y debe expandirse en dos sentidos: en extensión y en intensidad. En cantidad y en calidad.

126

El Evangelio de san Juan cuenta con dos partes que se diferencian claramente. En la primera habla de los signos hechos por Jesucristo (milagros y predicación del Reino) y en la segunda, de la pasión, muerte y resurrección de nuestro Señor. Hay un versículo de transición, aquel que dice: «Antes de la fiesta de la Pascua, sabiendo Jesús que su hora había llegado para pasar de este mundo al Padre, habiendo amado a los suyos que estaban en el mundo, los amó hasta el fin». Este versículo es una síntesis de la vida de Jesús: amó desde el primero hasta el último día y amó todo lo que se puede llegar a amar.

El pórtico del relato de la Pasión es la larga narración de lo acontecido en la Última Cena, donde el Señor se desborda de afecto hacia sus discípulos. Entre otras cosas, les asegura: «Ya no os llamo siervos, porque el siervo no sabe lo que hace su señor; os he llamado amigos, porque os he dado a conocer todo lo que he oído de mi Padre».

El evangelio de Juan es el relato de esa amistad desde la perspectiva del apóstol que recibió a manos llenas ese insuperable don. En su evangelio Juan se designa como el discípulo que Jesús amaba, cuenta que se recostó en su pecho en la Cena, y que recibió la revelación del nombre del traidor. Es el único apóstol que lo acompañó hasta la cruz, los demás huyeron por temor al martirio. Sin embargo, Juan fue el único que no murió mártir. Murió desterrado en la isla de Patmos, según san Epifanio a los noventa y cuatro años.

El evangelio de Juan es un tratado del amor de amistad de Jesucristo. El Señor es el amigo que ama hasta el extremo. Toda otra amistad que nos dé consuelo en la tierra es una sombra de esta. Podemos vislumbrar lo que es la amistad, lo que debería ser, por la amistad de Jesús.

El mejor empeño de la vida es llegar a ser amigo de Jesús. Él es amigo porque nos presentó el rostro humano de Dios, nos reveló su intimidad de hijo Amado, y al hacerlo, nos enseñó cómo es el amor del Padre. Y nos transmitió ese amor desde su corazón humano.

¿Cómo era Jesús con sus amigos? Por un lado, su amistad era diversa con cada uno. El Señor diferenciaba, trataba a cada uno según distintos niveles de dedicación y de intimidad. Su amistad con todos se desenvolvía, sin embargo, en varios círculos. En uno primero, seguramente, estaban sus parientes, en el sentido amplio de los orientales, entre los que estaría san Juan Bautista, a quien elogia como el justo más grande, y cuya muerte le duele profundamente. Inmediatamente estaban los apóstoles, a quienes les dedica más tiempo y con quienes tiene más confidencias. Dentro del grupo de los apóstoles, incluso, distingue a Pedro, a Santiago y a Juan, quienes lo acompañan al monte Tabor y, luego, al huerto de los olivos la noche previa a su muerte. Pero Jesús tenía también un trato particular con Felipe, Natanael, Mateo y Judas, el traidor.

Luego están los discípulos, los setenta a quienes manda predicar de dos en dos, con quienes exulta a su regreso. No sabemos sus nombres, pero podemos adivinar el afecto especial del Señor hacia ellos. Se ocupa de ir a buscar a los discípulos que se vuelven a Emaús tras el aparente fracaso de su muerte. Tiene amigos especiales, como los hermanos de Betania: Lázaro, María y Marta. Otros personajes están singularizados: María Magdalena, Zaqueo, Jairo, Nicodemo. Podemos imaginar el amor por él que habrá despertado en los beneficiarios de sus milagros, como la viuda de Naím, la hemorroísa o Bartimeo. Con los pecadores tuvo especial deferencia: dialogó diligentemente con la samaritana. Les respondía incluso a los que le preguntaban para tentarlo. Miró con amor a los que no le correspondieron, como el joven rico. Para todos tenía amor, el amor más grande.

¿Y cómo era ese amor de amistad de Jesús de Nazaret? Un amor que era pura donación, capaz de dar la vida por los amigos. Un amor gratuito: dio su vida incluso por los que no lo reconocen y los que son indiferentes a su muerte. Un amor con una disponibilidad completa: inmediatamente sale a ver a la hija enferma de Jairo, va de acá para allá, sin tiempo ni para comer. El de Jesús es un corazón que se conmueve repetidamente por la muerte de su amigo Lázaro, «y tanto como a Lázaro te quiere a ti» (San Josemaría). Los milagros proceden de su compasión.

En nuestro caso, el amor de amistad está signado por la tensión de concentrarnos en los nuestros o abrirnos a muchos más, con el riesgo de la disipación y de la pérdida de intensidad para los próximos. También nos movemos en varios círculos, pero nuestro tiempo y nuestra capacidad de entrega son limitados. La caridad, por eso, debe guardar un orden.

Primero los de la propia casa. Lo primero es hacer del hogar un oasis de amor. Saint-Exupéry en *Tierra de hombres* dice que el oasis es una victoria permanente contra el desierto. El amor tiene que ser recreado continuamente. Es una hoguera que se alimenta de gestos, palabras, regalos. Las ramas de ese hogar (la misma palabra se usa para referirse a la lumbre de las chimeneas) son los detalles de cariño. El tiempo que demanda el detenerse a conversar, prestar servicios, acompañar en las situaciones problemáticas es tiempo que se sustrae a las relaciones sociales que nos solicitan más allá de la casa.

Pero le hace muy bien al propio hogar estar abierto a la familia ampliada, a los vecinos, y convertir a nuestro compañeros y colegas en amigos de otros miembros de la familia. «Ahí viene otro que va a aumentar nuestro amor», decía Dante. De la propia casa sale la energía y la inspiración para ocuparnos de muchos más, sobre todo de los que más necesitan de ese amor cultivado en el seno del hogar.

El hogar de nuestro corazón puede agrandarse, incluir a los miembros de la propia organización, a los estudiantes, a los clientes. Al cura de la parroquia, al encargado del edificio y a su familia. Un lugar especial deberíamos guardar para el mendigo de la cuadra y para la vecina anciana, discapacitada y sola, a quienes bien podríamos —en un sentido figurado— adoptar como miembros de la propia familia.

Un sacerdote amigo predicaba con frecuencia sobre las obras de misericordia que nos están mandadas a los cristianos. En broma decía que habría que tatuarse en la palma de la mano Mt 25, el capítulo en donde san Mateo se refiere al juicio final, para verlo permanentemente y recordar que seremos juzgados de acuerdo a cómo nos hayamos comportado con los necesitados. Si nos hemos ocupado de ellos «entonces dirá el Rey a los de su derecha: "Venid, benditos de mi Padre, recibid la herencia del Reino preparado para vosotros desde la creación del mundo. Porque tuve hambre, y me disteis de comer; tuve sed, y me disteis de beber; era forastero, y me acogisteis; estaba desnudo, y me vestisteis; enfermo, y me visitasteis; en la cárcel, y vinisteis a verme"».

Como hemos recordado con frecuencia en el jubileo de la misericordia convocado por el papa Francisco en el año 2016 las obras de misericordia son: visitar a los enfermos, dar de comer al hambriento, dar de beber al sediento, dar posada al peregrino, vestir al desnudo, visitar a los presos, enterrar a los difuntos. Están extraídas mayormente de la lista confeccionada por el propio Jesús en la parábola recién citada. Hay también obras de misericordia espirituales: enseñar al que no sabe, dar buen consejo al que lo necesita, corregir al que se equivoca, perdonar al que nos ofende, consolar al triste, sufrir con paciencia los defectos del prójimo, rezar a Dios por los vivos y por los difuntos, que la Iglesia recopila de otros pasajes de la Biblia. Cuando vivimos estas obras de misericordia somos más parecidos a Dios que en ninguna otra ocasión, ya que la misericordia —según santo Tomás de Aquino— es la virtud más grande de Dios.

Ninguno puede ocuparse de todas estas diversas miserias, que interpelan igualmente a nuestro corazón, pero sí podremos involucrarnos en alguna organización que se ocupe de alguna de ellas. Y en diversos momentos de nuestra vida seguramente tendremos ocasión de atender varias de estas necesidades. Si tenemos presente que seremos juzgados de acuerdo a cómo nos comportemos con estos necesitados nos resultará más fácil no desperdiciar las ocasiones de ser misericordiosos, de tener nuestro corazón colmado de estas miserias ajenas.

El filósofo que más ha denunciado que el cristianismo es incompatible con la fiesta, como vimos, es

Nietzsche. Respecto del amor, denuncia al cristianismo como responsable de haber convertido el *eros* en un vicio. Benedicto XVI en su encíclica *Deus caritas est* recoge ese guante. «El filósofo alemán expresó de este modo una apreciación muy difundida: la Iglesia, con sus preceptos y prohibiciones, ¿no convierte acaso en amargo lo más hermoso de la vida? ¿No pone quizás carteles de prohibición precisamente allí donde la alegría, predispuesta en nosotros por el Creador, nos ofrece una felicidad que nos hace pregustar algo de lo divino?».

Pareciera que la Biblia descarta el término *eros* para referirse al amor y se inclina por ágape. *Eros* era la concepción de amor humano que se celebraba sobre todo en Grecia, tal como lo refieren, por ejemplo, los diálogos de Platón. Tenía mucho de pasión, de atracción mundana incontrolable hacia la belleza. Efectivamente, parte de la teología protestante establece una contraposición entre *eros* —amor humano— y *ágape* —caridad sobrenatural—, sin reconciliación posible, ya que uno es egoísta y carnal y el otro es completamente desinteresado y espiritual.

«En realidad, continúa Benedicto XVI, *eros* y *agapé* —amor ascendente y amor descendente— nunca llegan a separarse completamente. Cuanto más encuentran ambos, aunque en diversa medida, la justa unidad en la única realidad del amor, tanto mejor se realiza la verdadera esencia del amor en general. Si bien el *eros* inicialmente es sobre todo vehemente, ascendente —fascinación por la gran promesa de felicidad—, al aproximarse la persona al otro se planteará cada vez menos cuestiones sobre sí misma, para buscar cada vez más la felicidad del otro, se preocupará de él, se entregará y deseará "ser para" el otro. Así, el momento del *agapé* se inserta en el *eros* inicial; de otro modo, se desvirtúa y pierde también su propia naturaleza. Por otro lado, el hombre tampoco puede vivir exclusivamente del amor oblativo, descendente. No puede dar únicamente y siempre, también debe recibir. Quien quiere dar amor, debe a su vez recibirlo como don».

En diálogo con la mujer samaritana el Señor le dice algo misterioso. Que el agua que Él tiene para ofrecernos se convertirá en una fuente de agua que brota para la vida eterna. El mismo san Juan, más adelante, refiere que el Señor dijo también que el hombre puede convertirse en fuente de la que manan ríos de agua viva (Jn 7, 37-38). Son referencias a la capacidad que tiene la gracia de desbordarse hacia los demás. Para dar amor de Dios es imprescindible beber de la fuente, que es la vida de Cristo. Sin la gracia, el amor no alcanza a ser amor sobrenatural, el *eros* se consume antes de llegar a ser *ágape*.

El amor humano, cuyo paradigma es el amor matrimonial, «promete infinidad, eternidad, una realidad más grande y completamente distinta de nuestra existencia cotidiana», sigue Benedicto XVI. El amor humano aspira a permanecer, apunta a la eternidad.

El amor es la fiesta por antonomasia. Y en el centro de la fiesta se encuentra esta promesa de perpetuación en el cielo. La fiesta del amor es el vestíbulo del cielo. Los cristianos no pensamos en la muerte como un final, como la aniquilación, como la extinción de todo lo que amamos en la tierra. La muerte es el pasaje a la verdadera fiesta, el banquete celestial que Dios nos tiene preparado a nosotros y a nuestros amores, si llegamos allí por la senda del amor.

Antes se predicaba más del infierno que del cielo. Ahora no se predica ni de uno ni de otro estado. Pero intuimos lo que es el cielo por la experiencia del amor. No sabemos mucho salvo que es la consumación si consumirse de toda la belleza, de toda la bondad, de toda la verdad que es Dios. Aquello a lo que estamos radicalmente invitados en lo más profundo del corazón, esa invitación que nos mantiene vigilantes mientras esperamos la llegada del banquete.

Volviendo a los amigos íntimos del Señor, cuenta san Lucas que «Jesús tomó a Pedro, Juan y Santiago, y subió a la montaña para orar. Mientras oraba, su rostro cambió de aspecto y sus vestiduras se volvieron de una blancura deslumbrante. Y dos hombres conversaban con él: eran Moisés y Elías, que aparecían revestidos de gloria y hablaban de la partida de Jesús, que iba a cumplirse en Jerusalén. Pedro y sus compañeros tenían mucho sueño, pero permanecieron despiertos, y vieron la gloria de Jesús y a los dos hombres que estaban con él. Mientras estos se alejaban, Pedro dijo a Jesús: "Maestro, ¡qué bien estamos aquí!"».

«Qué bien que estamos aquí». Eso proclamaremos por toda la eternidad en el cielo, y algo de eso tenemos que lograr que digan nuestros hermanos en cada encuentro con nosotros. Cada vez que experimentamos este «qué bien que estamos aquí» estamos empezando a experimentar el cielo.

ANFITRIONES

Si hemos construido una casa podemos ser anfitriones. Nuestro itinerario va de la condición de invitado y de huésped a la de invitador y anfitrión. De este modo imitamos a Jesús, cuyo estilo es el de la hospitalidad, de recibir a todos.

No es fácil ser hospitalario con todos, empezando por los de la propia casa, que a veces adoptan comportamientos que los hacen como extraños. A veces el resto de los miembros del hogar acrecienta la extrañeza de uno de ellos con el progresivo alejamiento, cuando no con la indiferencia.

La hospitalidad respecto del prójimo vulnerable —aquel que tiene problemas vitales, que tiene un carácter agrio o una personalidad complicada, que tiene un planteamiento de la vida bien distinto al nuestro— requiere en el anfitrión un acto de apertura. Hasta que el otro no haya atravesado el umbral de nuestra puerta, haya pasado adentro de nuestro hogar, no sabremos si es digno de confianza o no. Tenemos que recordar que lo mismo le puede pasar a él respecto de nosotros. Dice Christoph Theobald que huésped y anfitrión son intercambiables: la hospitalidad es un camino que deben recorrer juntos.

«El camino del malentendido hacia el "acuerdo" pasa entonces por una interrogación y, en particular, por una "auto-interrogación": el cuestionamiento de uno mismo y la toma de conciencia de la vulnerabilidad del otro que demanda mucho tacto. En la medida en que el que acoge acepta su propia vulnerabilidad, consintiendo entregar algo de sí mismo, y probablemente dándose a sí mismo (abriendo su "hogar"), logra despertar la confianza en el otro, lo ayuda a bajar la guardia, permitiéndole, a su vez, que él mismo se entregue». Para poder recibir al extranjero primero debemos convertir nuestro corazón hasta hacernos anfitriones. Si nosotros pasamos a ser receptivos, acogedores con el que no nos cae simpático, con el que tiene un comportamiento inhabitual para nosotros que nos resulta desagradable, le damos la señal para que él acoja nuestra recepción, y se adapte a las normas de nuestro hogar.

En *La segunda conversión* me detuve también en la virtud de la hospitalidad. «No os olvidéis de la hospitalidad, porque por ella algunos, sin saberlo, hospedaron ángeles» (Hebreos, 13,2). Se cuenta en Génesis 18,6 el episodio de la servicial acogida que Abraham dispensa a tres personajes misteriosos, enviados de Dios, figura de la Santísima Trinidad. Como en la tradición judía, también en la griega la hospitalidad era una virtud destacada. Hay numerosas referencias a ella en la *Odisea* de Homero.

El mensaje de Jesucristo lleva la idea de la hospitalidad a un nivel infinitamente superior. El motivo para dar acogida es porque Él se identifica con el huésped (Mt 25, 31-46). Para sus discípulos eso es posible porque ellos antes fueron acogidos por el mismo Dios en Persona: quienes traten a sus discípulos como tratarían a Jesús, serán premiados como si hubiesen recibido al mismo Dios (Mt 10, 40-42).

Todos somos objeto de un amor de predilección por parte de Cristo, y por tanto merecedores de una acogida muy especial por parte de los demás. Todos somos anfitriones y huéspedes. Esto deberíamos hacer todos los días con nuestros hermanos: recordar que ellos son para nosotros el mismo Cristo (y que nosotros deberíamos intentar recordarles a Cristo).

Otra consecuencia que se puede extraer de la imagen de la hospitalidad es que la caridad cristiana es ante todo respuesta afectiva a la necesidad de nuestros hermanos (Benedicto XVI, *Jesús de Nazaret*, 2007, pp. 226 - 234) que se nos cruza —como un huésped inesperado— desbaratando nuestros planes: nadie se enferma o necesita conversar justo en el momento en que lo estamos esperando. De cómo respondamos a estas "visitas del Señor", como el buen samaritano, depende en gran medida que la vida familiar, organizacional o social sea como Betania, el lugar en donde el Señor era esperado por sus amigos.

El estilo de Jesús de Nazaret es el de quien es hospitalario con todos, algo que se nota en el diálogo con la pecadora en el pozo de Sicar, en el que el Señor se sobrepone al cansancio y pasa de su sed de agua a su sed de despertar la sed de Dios en la pecadora: «Si conocieras el don de Dios», le dice. Él le pide agua a una pobre mujer samaritana, y los discípulos cuando regresan se sorprenden de hallarlo hablando a solas con ella. Él la ayuda a convertirse a la gracia: a desear esa agua que salta hasta la vida eterna, que quien bebe ya no tiene sed. Jesús se acerca a la samaritana, con quienes los judíos no tenían trato, como se acerca a los leprosos, a los endemoniados, a los ciegos y enfermos inoportunos, a los pobres, a los paganos y, fundamentalmente, a los pecadores.

A veces la visita inesperada que requiere de nuestra hospitalidad es la cruz (como pueden serlo en la vida personal un despido del trabajo, la pérdida de un ser querido, una enfermedad grave, problemas de convivencia) que, tras el desconcierto, nos obligan a volvernos hacia adentro, a repasar nuestra jerarquía de valores, a restablecer la seguridad, pero, esta vez, desde otro lugar.

La fe en Jesús no es algo que corresponda solamente al plano del deber, de cumplir obligaciones, de evitar el pecado, de saber cómo comportarnos. Es también recibir, aceptar, acoger, aprender de la sorpresa negativa.

«He aquí que yo estoy a la puerta y llamo, si alguno oye mi voz y abre la puerta, entraré a él y cenaré con él y él conmigo», dice el Señor en el Apocalipsis de san Juan. Y, antes, en san Lucas: "Bienaventurados aquellos siervos a los cuales su señor, cuando venga, halle velando; en verdad os digo que se ceñirá, y hará que se sienten a la mesa, y vendrá a servirles». A veces toca nuestra puerta en la forma de una persona que necesita de nuestra ayuda, o en la forma de un incidente, de una situación de emergencia que exige de nosotros un compromiso más grande con el prójimo.

Hay un riesgo con los huéspedes inesperados: no sabemos cómo pueden reaccionar. *Hospes* (huésped) y *hostis* (enemigo) en latín tienen la misma raíz. La acogida a los demás siempre es una apuesta: puede no ser convenientemente agradecida. Ser anfitrión siempre incomoda, es como si uno empezara a extrañarse de su hogar con la llegada del huésped, ya que este hace que uno se cuestione las costumbres de su casa, distintas de las suyas. Por eso la llegada del huésped, en el sentido literal o en el metafórico —de la crisis inesperada—, lleva a la evaluación de sí, a la introspección. Es una invitación a la conversión.

Hoté en francés sirve para referirse al anfitrión y al huésped. Los términos pueden ser intercambiables. En la crisis no podemos evadirnos de ayudar, pero también necesitamos de la ayuda de los demás. Hemos de dejarnos querer: darle la oportunidad al otro de que viva la hospitalidad con nosotros.

Hay dos o tres películas mediocres de Hollywood que plantean una idea genuina, como a veces pasa con las mediocres. A una persona que pasa sus días de forma muy egoísta, a través de un accidente o de un asalto, del que se salva milagrosamente, la vida le concede una segunda oportunidad. La idea está planteada también en el filme de Steven Spielberg, *En busca del soldado Ryan*, película que deja claro el mensaje: en el sinsentido de la guerra, lo que nos autoriza a volver a casa es salvar a alguien, aunque para eso deban morir algunos de los salvadores, ya que la persona que se busca salvar es un fin en sí misma. Recuerdo de esa película el legado que el capitán le dejó a Ryan, cuyo rescate había costado tanto: vivir una vida que compense semejante sacrificio. Nosotros somos ese que le costó toda su sangre a Cristo.

«Dios no sabe contar más que hasta uno», decía el periodista francés André Frossard. Para el cristiano, el prójimo es cada uno que se nos cruza por nuestro camino, necesitado de nuestro cuidado, de nuestra comprensión, de que le llegue a través de nosotros el bálsamo de la caridad de Cristo. Mientras procuramos con nuestro trabajo llevar más bienestar a todas las personas que se benefician de esa tarea, y aportar a la sociedad algunas soluciones a las numerosas injusticias que la aquejan, nuestro amor debe alcanzar a cada uno de los que se cruzan con nosotros. Cristiano es quien se hace responsable de los que Dios pone en su camino.

Pues bien, hay personas que entienden toda su vida como una sobrevida que debe ser usada al servicio de los demás. Esta etapa es una nueva etapa que me permite corregir el egoísmo de la primera. Conozco gente así: una joven inválida que lleva con alegría envidiable su adversidad, un hombre de buena posición que vive obsesionado con la idea de que debe devolver algo de lo que recibió a los que nada tienen, unos padres de cinco chicos, uno de ellos con síndrome de down, que ofrecen su hogar para huérfanos en tránsito. Consideran la vida como una deuda que se debe pagar.

También hay más de una buena película francesa, desde el punto de vista cinematográfico, con un mensaje completamente opuesto al anterior. El protagonista se pregunta qué hace en esta vida ininteligible, y se resiste a traer hijos al mundo porque no quiere condenarlos al absurdo. Conozco gente así, que se queda paralizada maldiciendo todo lo malo que le pasa, que está persuadida de ser la más desdichada, o que considera lo bueno que le acontece como el estricto pago a sus méritos, que se impacienta y se extraña cuando la bonanza tarda. No dispongo de las estadísticas, pero tengo la ligera sospecha de que los menos agraciados son los más agradecidos. Sospecho que entre quienes más van por la vida pagando una deuda destacan las madres.

Hace años se pusieron de modas películas en las que los protagonistas no eran seres extraordinarios enfrentados a catástrofes descomunales, ni violentos policías, ni asesinos seriales, sino enfermos: autistas, downs, cuadripléjicos. En una de ellas, el protagonista rearmó su vida a partir del único miembro de su cuerpo que podía mover; se llamaba *Mi pie izquierdo* —que procede de un libro—, y su auténtica heroína era la madre del enfermo, que lo alentaba a sobreponerse. También es la madre la protagonista entre bastidores de un libro que me trajo a colación un amigo. Se trata de la autobiografía de un japonés que nació sin brazos y sin piernas. Su madre, según cuenta, no quiso que fuera a un colegio especial y les pedía a los hermanos que no le ayudaran en lo que él pudiera hacer por sus propios medios. Terminó con éxito la universidad y los profesores le sugirieron que publicara sus memorias. El libro se tituló *Noboby is perfect* y fue un éxito editorial. El autor no se explica cómo puede haber gente desdichada entre los que nacieron con manos y con brazos.

Es común entre los desafortunados que no conocen a Cristo maldecir al destino. Hay un pasaje en *Las uvas de la ira* de Steinbeck en donde Al y Ton, que se dirigen con su familia a California, tienen una avería en su camión y se detienen en un cementerio de autos para tratar de encontrar un repuesto para arreglarlo. Aparece entonces un empleado del dueño. «Delgado, sucio, de piel aceitosa adherida a los fuertes músculos. Le faltaba un ojo, y la cuenca viva, descubierta, mostraba los nervios del ojo cuando movía el que tenía bueno. Su pantalón y su camisa eran de tela gruesa, y brillaban de sucios; la piel de sus manos estaba sucia, agrietada y llena de cortes. El labio inferior, grueso y pesado, caía dando a su rostro una impresión de idiotez». El tuerto dice ser un empleado y odiar a su patrón, porque se ríe de él y lo invita irónicamente a conquistar a su hermosa hija de diecinueve años. Otra vez, cuenta el tuerto, el dueño cayó a verlo con un pantalón blanco y lo invitó, sarcásticamente, a viajar en yate; pero algún día, confiesa, le partirá el cráneo con una llave inglesa. «Un momento amigo, escuche: usted tiene ese ojo abierto de par en par. Y usted está sucio, hediondo. Toda la culpa es suya. Es porque usted lo quiere. Usted mismo se envilece. Claro que no puede encontrar una mujer con ese ojo que le anda saltando. Tápeselo con algo y lávese la cara (...). A usted le gusta atormentarse. A usted no le sucede nada de particular. Cómprese unos pantalones blancos».

Las montañas más difíciles de acometer son las que crecen en nuestra imaginación, las parálisis irreversibles son las que nos impiden comprarnos siquiera unos pantalones blancos, generar el comienzo de un cambio. Agradecer y quejarse son verbos incompatibles. O nos pasamos tramando venganza a nuestros imaginarios deudores o nos pasamos la vida saldando una deuda con el prójimo y con Dios.

A continuación voy a contar un sueño que guarda relación con esto. El MIT estudió cuántas palabras usa en promedio, en su vida, una persona occidental. Hizo para ello un muestreo estadísticamente representativo y colocó a las personas que resultaron seleccionadas una especie de *holter* que registraba todas las palabras emitidas por ellos durante el lapso que iba desde los primeros berridos hasta las últimas palabras.

La investigación soñada revelaría una cifra que, luego, se podría desagregar por sexo, nivel de educación, religión. Perfeccionada la metodología se podría llegar al promedio de frases con sentido pronunciadas en su vida por una persona. En MIT ha trabajado un famoso y controvertido lingüista que nos alertó sobre el increíble prodigio que representa la adquisición de una lengua por parte de un niño. El milagro de que a los dos años el pequeño sujeto hablante esté en condiciones de generar una cantidad indefinida de frases gramaticalmente bien formadas.

Hay un puente entre el sueño y la realidad —que nos reclama hacernos cargo de los demás— de la que venimos hablando. Es sutil, y para diseñarlo tengo que hacer todavía un rodeo. Víctor Frankl cuenta que sus compañeros del campo de concentración se preguntaban si lograrían sobrevivir porque, en caso contrario el inmenso sufrimiento padecido hubiese sido inútil. Él, en cambio, se formulaba la pregunta contraria: ¿tiene sentido este sufrimiento?, porque de no tenerlo, es la supervivencia la que resulta absurda.

Efectivamente, el sufrimiento es inseparable de la pregunta por el sentido, y tenemos la intuición de que acertar con su respuesta es acertar simultáneamente con la respuesta por el sentido de la vida. Los animales se lastiman y gimen, pero no son conscientes de su sufrimiento; los hombres son conscientes del sufrimiento, pero no llegan a alcanzar su sentido. Se puede pensar otro estadio en el que a la conciencia del dolor se le agregue la respuesta por su sentido. Ese es el estadio de la fe en Cristo, el único que tiene la respuesta al enigma del sufrimiento, del que Él participa, con el que nos salva y del que nos alivia y sana. Con el que nos resucita.

El dolor no tiene la última palabra. En rigor, no es una palabra bien articulada, es el reverso de una palabra. Es que la dotación de sentido del sufrimiento es una vocación conjunta: es propio del que sufre buscar consuelo, y es una difícil vocación hacerlo llegar. Pero la última palabra para cada uno y para la humanidad toda la tiene el amor infinito de Dios, expresado elocuentemente en la muerte en la cruz de Jesús, quien «me amó y se entregó por mí».

Después del sueño se me ocurrió pensar que quizás Dios nos haya asignado a cada uno un lapso de tiempo que se mide en frases con sentido. Las frases de las que Dios nos pediría cuenta al final de nuestra vida deberían tener sentido en una acepción ética.

El que sufre no tiene la última palabra, porque su palabra necesita encontrarse con la palabra de alguien que lo acompañe en su sufrimiento. Los que acompañamos a los que sufren, es decir, todos los que no desertamos de nuestra responsabilidad de cristianos, tenemos la obligación de seguir buscando el giro, la combinación precisa de palabras que ayude al sufriente a pasar de la conciencia del dolor al sentido del dolor. Conviene seguir buscando las palabras de consuelo porque este trabajo resulta recompensado con el hecho de cargar de sentido la vida del que se empeña en él. Esa palabra solo puede proceder del contacto con la Palabra, con el Verbo de Dios, con el hijo Amado de Dios Padre y Todopoderoso. «El que no eximió ni a su propio Hijo, sino que lo entregó por todos nosotros, ¿cómo no nos concederá también con Él todas las cosas?» (Rom 8,32)

Mis palabras y mis actos podrían ser todos de amor si yo me decidiera a hacer de mi vida una sobrevida dedicada enteramente a amar a Dios en mis hermanos, y así recuperar el tiempo perdido durante mi primera vida. Pero claro, es mucho más fácil escribir un libro sobre la alegría de la vocación cristiana que convertirse a la alegría del anfitrión de sus hermanos. Obviamente, no escribo esto porque lo viva, sino para proponerme vivirlo. En un test me salió que tengo un pensamiento metafórico. Es verdad. Como inspiración del comportamiento confío en las palabras combinadas con esmero, en las imágenes más que en las explicaciones o, peor aún, en las instrucciones, porque tengo la experiencia de la expansión de sí que significa dar con una buena expresión de lo que nos sucede por dentro.

¿Cómo convertirse, pues, en un anfitrión de todos los hermanos, en un organizador de fiestas para ellos?

Lo primero, creo, es reconocer con agradecimiento los dones que hemos recibido. Por modestos que sean, siempre tenemos algo para aportar a los demás y que sólo nosotros poseemos: esa combinación de ingredientes, con esas dosis, es sólo nuestra. Quizás sepamos hacer buenas compras para Navidad, o algo sobre vinos, como para recomendar el adecuado para la ocasión. A lo mejor tocamos un instrumento o tenemos buena voz para cantar *a cappella* o en el karaoke. Tal vez seamos buenos cocinando tortas o preparando tragos. A lo mejor recordamos unos trucos de magia que hacíamos cuando éramos chicos o tengamos gracia contando chistes. Hay quien escribe poemas, dibuja retratos, inventa juegos para los niños. Me refiero a dones tan concretos como estos.

Disfrutar y desarrollar lo que ya tienes, aunque sea en pequeñas proporciones, es un gran comienzo de conversión a la alegría, una buena manera de pasar de huésped ingrato a anfitrión generoso. Recuperar una destreza perdida suele ser mejor que forzarnos por adquirir de la nada una habilidad que no pega mucho con nuestra personalidad: «Practicar lo que Dios ha preparado para mí, hacer las cosas hermosas para las que he sido creado» (Fabio Rosini).

Me encanta cuando las madres disfrutan viendo disfrutar a sus hijos pequeños y a los amigos de sus hijos en el partido de fútbol salón que ellas organizaron, o cuando atienden a sus hijas pequeñas en un *pijama party* con sus amiguitas. Los padres que se divierten jugando con sus hijos, ¿no es esa una imagen del cielo en la tierra que podría servirnos de motivación? Dios juega con nosotros, y cuando el Niño jugaba no era menos Dios que cuando nos redimía en la Cruz. «El juego, la risa, los cantos de los niños −afirma Juan Bautista Torelló− no son solo símbolo de vitalidad espontánea, formas de expresión de su inteligencia y de su personalidad incipientes, sino la realización particularmente ejemplar de la existencia humana, que se corresponde mucho más al proyecto del creador que nuestra seriedad y nuestra actividad».

Todos podemos crear momentos memorables en nuestras casas. Ser un organizador de fiestas. Organizar el cumpleaños de algún pariente que está sólo, el festejo para un compañero que se jubila después de una carrera profesional ardua, la celebración del equipo por el logro de una meta en el trabajo, la reunión con ex compañeros del colegio, el reencuentro con amigos que hace mucho que no vemos, la fiesta patronal de la parroquia, la cena familiar para hacer un anuncio, el aniversario del noviazgo, una reunión especial de profesores en el colegio, la cena de fin de año en la organización, el "tercer tiempo" de rugby. Son incontables las ocasiones de organizar festejos a lo largo de cada año. Cada comida familiar de domingo, cada encuentro con un grupo de amigos, cada visita que hacemos o que nos hacen, puede ser una fiesta.

La organización de la fiesta tiene sus pasos. Lo primero, es idear la fiesta. Pensar un propósito, un tema, alguna idea central. Luego procede invitar. Elegir bien a los que van a participar, pensar la forma y el canal para hacer llegar la invitación, darle seguimiento a esas invitaciones y pedir confirmación. En tercer lugar, hay que elegir bien el lugar y ambientarlo: adornarlo y pensar en la música, los asientos, el servicio. Llegado el momento de la fiesta, hay que aprender a recibir, acompañar a los invitados hasta la sala en donde vaya a tener lugar la actividad. Más tarde hay que instalarse: estar plenamente allí, pendiente de cómo se desarrollan los acontecimientos, de que todos estén pasándolo bien, y, al mismo tiempo, pasándolo bien uno mismo. Al terminar la fiesta hay que despedir a los invitados con algunas palabras que le queden resonando, que prometan una continuidad de lo experimentado. Finalmente, hay que prolongar el efecto benéfico de la fiesta enviando agradecimientos, fotos, recuerdos diversos. Y esto vale tanto para la fiesta en sentido literal como en sentido metafórico.

Lo dicho, sin embargo, se queda aún en la parte externa de la organización de la fiesta. Priya Parker, notable moderadora de reuniones significativas, en su libro *El arte de reunirse* se queja, justamente, de eso. «Cuando buscamos consejos sobre reuniones, casi siempre recurrimos a quienes se centran en la mecánica del encuentro: chefs, expertos en etiqueta, artistas florales u organizadores de eventos. Al hacerlo, reducimos de manera imperceptible un desafío humano a uno logístico. Reducimos la cuestión de qué hacer con la gente a una cuestión de qué hacer con las cosas».

Esto nace de creer que sabemos qué tipo de fiesta estamos organizando. Pero conocer la categoría a la que pertenece el encuentro no es lo mismo que saber cuál es el propósito que perseguimos con él. «Cuando omites preguntarte, por ejemplo, cuál es el propósito de tu fiesta de cumpleaños en este año específico, en el momento presente de tu vida, abandonas la oportunidad de que tu reunión sea fuente de crecimiento, apoyo, orientación e inspiración adaptada a la situación en la que te encuentras tanto tú como los demás». Del propósito se deriva todo, el tamaño que tiene que tener la reunión, quiénes deben ser los invitados, la ambientación, y el rol del anfitrión.

«El aspecto extático (el éxtasis es salir de sí mismo) de la fiesta une los corazones y deja pasar una corriente de vida. Es un momento de asombro donde la alegría del cuerpo y de los sentidos está ligada a la alegría del espíritu. Es el momento más humano y también el más divino de la vida comunitaria», afirma Jean Venier.

Cada fiesta de la que participamos y que organizamos es una celebración del *afuera* de la fiesta, de la vida en su conjunto que nos regaló Dios. La vocación cristiana es la de experimentar y comunicar la alegría de ser hijo de Dios. Invitados e invitadores a vivir la plenitud de su amor, eso somos. Ojalá nos decidiéramos a ser los anfitriones de Dios para nuestros hermanos en los banquetes que se den mientras nos acercamos al banquete celestial, al cual ya tenemos la certeza de haber sido invitados.

ESTE LIBRO, PUBLICADO POR
EDICIONES RIALP, S. A.,
MANUEL URIBE 13-15, 28033 MADRID,
SE TERMINÓ DE IMPRIMIR EN
SERVICE POINT, S. A. (MADRID),
EL DÍA 28 DE NOVIEMBRE DE 2023.